VOYAGE HIPPIQUE

DANS LA

PLUPART DES PROVINCES DE L'EUROPE

SITUÉES

AU NORD ET AU NORD-EST DE LA FRANCE.

DOCUMENTS

SUR

LE COMMERCE DES CHEVAUX, DES POULAINS,

LES REMONTES,

L'ÉDUCATION ET LES RESSOURCES CHEVALINES

DE CES DIFFÉRENTES CONTRÉES.

PAR A. RIQUET,

Chevalier de la Légion d'honneur, vétérinaire principal,
secrétaire de la commission d'hygiène au ministère de la guerre, membre titulaire
de la Société centrale de médecine vétérinaire, correspondant de la Société
d'émulation du département des Vosges, de la Société royale d'agriculture
du département de Seine-et-Oise, de la Société d'agriculture, de
science, d'arts et belles-lettres du département d'Indre-et-Loire,
lauréat de la Société royale et centrale d'agriculture, etc. etc.

PARIS.

IMPRIMERIE D'ALEXANDRE BAILLY,

RUE DU FAUBOURG-MONTMARTRE, N° 10.

1847

INTRODUCTION.

Une commission de remonte fut envoyée, par le gouvernement français, en Danemark, pour opérer l'achat de seize cents chevaux, destinés aux différents corps de troupes à cheval de l'armée. Les opérations, commencées le 1er septembre 1841, furent continuées jusqu'au 30 mars 1842. Elles eurent lieu d'abord à Hambourg, et ensuite à Hanovre (1).

Ma qualité de vétérinaire, et de membre de cette commission militaire, m'inspira la pensée de recueillir, pendant cette honorable mission, tous les documents qui se présenteraient à mon observation et dont je pourrais faire profiter la science vétérinaire et hippique. C'est ainsi qu'après avoir rempli notre mission d'acheteurs, j'étendis chaque jour mes investigations, non-seulement sur les contrées où la commission avait été envoyée, mais encore sur les parties de l'Allemagne et des provinces néerlandaises comprises dans

(1) Cette commission était composée de MM. Lemyre de Vilers, chef d'escadron, commandant le dépôt de remonte de Saint-Lô; comte de Lespinatz, capitaine, commandant le dépôt d'Angers; Duplessis, officier comptable; Riquet, vétérinaire en premier au 7e de dragons.

le bassin de la mer du Nord et dans celui de la mer Baltique, où l'on élève le plus de chevaux.

En me rendant à Hambourg, j'avais traversé et stationné en Belgique et en Hollande. Pendant mon séjour sur les bords de l'Elbe, je fis des excursions dans le Holstein, où j'obtins des documents précieux sur les autres provinces qui font partie du royaume de Danemark, telles que le Schleswig, le Jutland et les îles qui en dépendent. Peu de temps après, j'explorai le Hanovre, le Mecklenbourg, le Brunswick, une partie de la Prusse et de la confédération germanique.

Heureux d'avoir pu réunir, dans mes notes, des documents que j'ai classés avec autant d'ordre qu'il m'a été possible, j'ai pensé qu'ils pourront avoir de l'intérêt pour les personnes qui s'occupent de l'éducation du cheval, pour le commerce, l'enseignement vétérinaire, et surtout qu'ils seront d'une grande utilité à ceux qui, comme nous, auraient mission d'aller dans ces différentes contrées, très-riches en chevaux, puiser des ressources pour notre cavalerie.

VOYAGE HIPPIQUE

DANS

LA PLUPART DES PROVINCES DE L'EUROPE

SITUÉES AU NORD ET AU NORD-EST DE LA FRANCE.

Belgique.

Au nord-ouest de la France est située la Belgique, traversée par les vallées fertiles de l'Escaut et de la Meuse, qui impriment au terrain des ondulations peu accidentées. Les plus hautes élevations du terrain belge se trouvent dans sa partie méridionale ; elles sont une dépendance du prolongement des Ardennes.

Les plaines qui bordent la mer sont généralement basses et marécageuses ; celles qui s'étendent des vallées secondaires vers les côtes sont fertiles. Les prairies naturelles et artificielles sont nombreuses et fort étendues. Le climat, plus froid et plus humide que celui du nord de la France, favorise la culture des prairies, mais peu l'élève du cheval. Les prairies d'embouchure sont surtout très-fertiles. En Belgique, on se livre plus généralement à l'élève des bêtes bovines qu'à l'industrie chevaline.

La vallée de l'Escaut s'étend dans la partie méridionale de la Belgique, du sud-est vers le nord-ouest ; elle renferme la Flandre, une partie du Hainaut, du Brabant oriental et du territoire d'Anvers.

La vallée de la Meuse, à peu près parallèle à celle de l'Escaut, renferme une partie du Luxembourg, le pays de Liége et le Limbourg.

Chacune de ces vallées donne à ses habitants un caractère et des mœurs distinctes : dans la vallée de l'Escaut dominent le caractère et les mœurs flamandes ; dans celle de la Meuse, ce sont les mœurs et le caractère des Germains.

Ces mœurs, les habitudes, les différents genres d'industrie, les rapports commerciaux, les besoins généraux pour les transports et le commerce, favorisent peu l'élève du cheval ; car les routes, les chemins de fer, les canaux sont multipliés, et la culture du sol est très-facile. Le cheval n'est donc guère employé qu'en agriculture ou par le luxe.

Cependant, le gouvernement belge, à l'imitation de la France, s'efforce d'encourager l'industrie chevaline par des primes, des courses et différentes institutions hippiques. Les hippodromes sont établis à Namur, à Liége, à Saint-Trond, à Bruxelles et à Anvers.

On entoure de considération les hommes de cheval et les vétérinaires ; ceux-ci sont assimilés, dans l'armée, à différents grades militaires : ainsi, un vétérinaire inspecteur a le rang de major, un vétérinaire en premier celui de capitaine, et un vétérinaire en second celui de lieutenant. L'Ecole vétérinaire de Bruxelles est en voie de progrès; dirigé par d'anciens élèves d'Alfort, cet établissement est remarquable par son organisation intérieure, son haras, sa vacherie et sa belle porcherie.

Les races chevalines belges sont la flamande et l'ardennaise, auxquelles le sang anglais vient se mêler depuis que la race anglaise est importée dans toutes les parties du continent. Par ce mélange, les défauts de la race flamande tendent peu à peu à s'effacer, et les qualités de la race ardennaise à augmenter.

La race flamande se rencontre dans la vallée de l'Escaut; la race ardennaise belge, dans la vallée de la Meuse.

Les caractères de la race flamande sont : une très-grande taille, une énorme charpente osseuse, des formes communes, grossières, larges, mais peu chargées de muscles ; le tête fort grosse, le poitrail et la croupe larges, les membres longs, les pieds volumineux et plats, la corne mauvaise. Les chevaux belges sont gros mangeurs, trottent assez bien, mais durent peu. Des environs de Furnes et de Tournay, où sont établies des foires renommées, sortent les plus hauts chevaux flamands ; le service du halage sur les rives du Rhône en emploie beaucoup.

D'autres chevaux flamands, moins massifs, moins grands, mais toujours à membres trop grêles, à pieds trop volumineux, à trop d'ardeur et supportant mal la fatigue, et trop gros mangeurs, sont employés pour l'agriculture et aux charrois. La race flamande, croisée avec la race anglaise, ne donne que des sujets très-médiocres.

La race ardennaise belge, assez grande mangeuse et plus petite que la flamande, se rencontre sur les confins de la Belgique, dans la vallée de la Meuse. Ses caractères sont : une taille près de la moyenne, plutôt petite que grande ; des formes peu distinguées, rudes ; un embonpoint modéré, dans un assez bon cadre ; la tête sèche, carrée, quelquefois mal attachée ; l'oreille assez bien fixée, l'œil saillant, le front camus, la ganache forte, l'encolure courte, forte et droite ; l'épaule plate ; le poitrail un peu étroit ; le garrot saillant ; le rein court, les hanches prononcées, les jarrets petits et crochus, les membres secs, la corne et le pied généralement bons. Croisée avec la race flamande, l'ardennaise ne donne que des sujets décousus ; croisée avec la race anglaise, les produits sont meilleurs.

La Belgique est dans l'obligation d'importer tous les ans chez elle, tant pour ses besoins que pour le commerce. L'Angleterre, l'Allemagne, le Danemark, et rarement la France, sont les sources où elle va puiser.

La Belgique remonte sa cavalerie en Holstein et en Hanovre. La maison du roi tire souvent ses chevaux d'attelage du Danemark et de l'Angleterre ; il est rare qu'elle s'adresse au Mecklenbourg. Elle paye ses chevaux de 1600 à 1800 fr. chacun.

Quoique pauvre en chevaux, la Belgique exporte pour les remontes de France, dans le cas d'urgence de celle-ci, un assez grand nombre de chevaux de troupe. Ces chevaux ne peuvent être que médiocres, puisque, forcée d'aller se remonter hors de son territoire, la Belgique a toujours de l'intérêt à conserver les meilleurs chevaux qui entrent chez elle.

La position de la Belgique, par rapport aux provinces voisines où l'on élève beaucoup, explique pourquoi, dans les bonnes prairies qu'on découvre au milieu des vallées, il est rare de trouver quelques chevaux, aux pâturages, au milieu des innombrables troupeaux de bêtes bovines.

La pénurie des chevaux en Belgique fait que, dans les établissements militaires, on les entoure des soins les plus grands. Les écuries sont généralement bien aérées, et les chevaux largement logés (à plus de 1 mètre 50 centimètres par cheval), avec système de barrage par poteaux ; à ces poteaux sont appendus les harnachements, simples, légers et commodes. L'alimentation est également raisonnée : dans toutes les saisons, on abreuve sur l'eau blanche à trois reprises dans la journée ; la boisson est donnée à l'écurie aux chevaux. La moindre indisposition entraîne l'isolement et l'envoi des malades à l'infirmerie ; les chevaux disponibles seuls sont à l'écurie de l'escadron.

Hollande.

La Hollande, pays plat, sablonneux, bas et humide, située au nord-est de la Belgique, traversée par les vallées de la Meuse, du Rhin et de l'Ems, se compose de plaines conquises en grande partie sur la mer, protégées par une quantité innombrable de digues, coupées de fossés très-profonds et pleins d'eau, croisées dans toutes les directions par un réseau immense de canaux, de routes et de chemins sillonnant ces plaines marécageuses.

Une partie du Brabant septentrional et de la Zélande est située dans la vallée de la Meuse ; dans la vallée du Rhin sont placés la Gueldre, une partie du Brabant septentrional, le pays d'Utrecht, la Hollande proprement dite, l'Owersel, la Drenthe et la Frise ; enfin, dans la vallée de l'Ems se trouve située la province de Groningue.

Avec une température moins chaude, un sol plus bas, plus humide et plus rude que celui de la Belgique, la Hollande est le pays de l'Europe le moins favorable à l'élève du cheval : aussi en rencontre-t-on à peine quelques-uns çà et là, mêlés aux innombrables troupeaux de bœufs qui vivent dans ces vastes herbages. Les prairies basses de ces contrées sont plus favorables à l'industrie bovine, qui constitue une branche considérable de commerce, qu'à l'élève du cheval. Les inondations qui couvrent ces plaines chassent les troupeaux des pâturages vers les rares monticules qui, de loin en loin, semblent sortir des marais ; ces monticules sont pour eux un lieu de refuge jusqu'à leur rentrée dans les habitations.

La nature des eaux salées, qui arrosent ou inondent de toutes parts les prairies, influe sur la constitution des animaux qui y vivent, leur tempérament est essentiellement lymphatique ; ces pâturages, salés et abondants, donnent de l'embonpoint et fort peu d'énergie, surtout à l'espèce chevaline, et la rend inapte à supporter les fatigues.

L'industrie agricole, chez les Hollandais, passe après les autres.

Essentiellement commerçants, et d'un caractère qui participe à la fois du germanique et du flamand, les Hollandais sont animés de l'esprit de négoce; d'immenses capitaux sont centralisés dans ces contrées.

L'usage borné des chevaux de luxe et les besoins de l'agriculture font qu'on élève peu de chevaux, et que la Hollande est tributaire de ses voisins pour les espèces chevalines. Elle importe chez elle, chaque année, un certain nombre de chevaux venant d'Angleterre, de Hanovre et du Danemark. Le haras royal possède peu de ressources; son influence sur l'élève du cheval est très-bornée. Comme la Belgique, la Hollande n'a qu'une École vétérinaire; elle encourage peu l'élève du cheval, et n'accorde que peu de considération à quiconque s'occupe de ces animaux.

La cavalerie est peu nombreuse; les établissements hippiques sont de peu d'importance et médiocrement tenus.

Les deux races de chevaux qu'on rencontre en Hollande sont la race hollandaise proprement dite, et la race frisonne. La première, peu estimée, a des caractères communs et défectueux: inférieure à la race flamande, elle se distingue par une haute taille, une tête longue, plate, un peu busquée, mal attachée; les oreilles mal placés, encolure fausse, peu charnue; épaules et côtes plates, poitrail étroit, rein long, croupe large et oblique, hanches saillantes, membres grêles, pieds volumineux, plats et defectueux; la corne de mauvaise nature; l'action première du sol humide des prairies, et un système vicieux de ferrure, achèvent de ruiner ces extrémités déjà mal conformées. Le cadre du cheval hollandais est en outre trop long et trop haut. C'est dans la vallée de la Meuse, sur les côtes de la mer du Nord et dans la vallée du Rhin, que se trouve cette race peu estimée et uniquement employée aux travaux d'exploitation.

La race frisonne, moins mal partagée que la flamande, se rencontre dans les provinces de Frise, de Groningue et de la Drenthe; elle se ressent du voisinage du Hanovre. Le cheval de Frise a autant de taille que le hollandais, son cadre cependant est défectueux, ses formes sont communes et mal arrêtées, la tête est longue, forte et busquée; l'encolure peu fournie, le garrot souvent peu dessiné, le protrail étroit, peu de dessous, la croupe avalée, les jambes grèles et longues, les jarrets larges et plats, les pieds volumineux, à corne médiocre. Leur tempérament est lymphatique; cependant ils ont beaucoup plus d'ardeur que les hollandais, mais supportent difficilement les longues fatigues. Cette race tend à s'améliorer.

Les poulains sont huit mois de l'année dans les pâturages; les éleveurs leur donnent à boire beaucoup de lait de vache, parce qu'ils ont remarqué que cette nourriture hâtait leur développement. Les chevaux de Frise atteignent parfois la taille de 5 pieds 4 à 5 pouces (1 mètre 720 à 1 mètre 750 millimètres).

Les croisements des races de la Hollande entre elles donnent de très-médiocres produits; ceux qu'on obtient par le croisement avec des chevaux étrangers sont également très-inférieurs.

Hanovre.

Situé au nord-est de la Hollande et du grand-duché du Bas-Rhin, le Hanovre est divisé par trois grandes vallées : celle de l'Ems, au sud-ouest; celle du Weser, au centre, dans la direction du sud au nord; et celle de l'Elbe, au nord.

Ces trois fleuves prennent leur sources dans les montagnes qui appartiennent au système des monts Herciniéo-Carpathiens, dirigent leurs cours de l'est vers le sud-ouest ou le nord-ouest, et se jettent dans la mer du Nord.

Les montagnes se trouvent dans la direction de l'est, vers l'ouest et dans la partie méridionale du Hanovre; elles finissent vers l'ouest à 15 ou 20 myriamètres du Zuyderzée. Depuis le pied de ces montagnes jusqu'au bord de la mer du Nord, le terrain, fort peu accidenté, présente des plaines sablonneuses immenses, et généralement marecageuses; les pentes du sol dans le voisinage des côtes, hors des saisons pluvieuses, suffisent à peine à l'écoulement des eaux des fleuves et de leurs nombreux affluents. Des marais d'une etendue considérable enlèvent à la culture beaucoup de terrain, et font consacrer aux pâturages toute la partie du sol qui devient submersible. Les eaux couvrent une grande étendue de ce pays pendant six mois de l'année environ. Dans ces contrées, les habitations, établies sur les parties élevées du terrain, sont isolées les unes des autres : les communications ont lieu par bateaux.

Plus on s'éloigne des côtes pour gagner les parties voisines des montagnes ou les parties élevées du sol, plus il y a de terrains livrés à la culture des céréales; toutefois, il est bon de faire observer que l'agriculture n'est réellement en voie de progrès que sur les rives des fleuves, jusqu'à une distance de 3 à 4 myriamètres environ. Dans l'intérieur des terres, le reste du sol, sauf quelques localités placées çà et là, est à peu près inculte, couvert de bruyères et de landes marécageuses.

En quittant les plaines du Hanovre pour entrer dans les parties où le terrain est plus accidenté, on trouve des contrées d'une fertilité plus ou moins grande; celui qui porte le nom de bailliage d'Hildesheim renferme le plus de richesses agricoles; il est, pour ce motif, comparé à la Beauce française, et nommé le grenier du Hanovre.

Les terrains boisés sont situés dans les parties montueuses et dans leurs voisinages. Le combustible manque totalement dans la partie septentrionale et sur les côtes, jusqu'à 10 à 15 myriamètres du bord de la mer; les habitants en sont réduits à faire sécher les bouses de vaches pendant les chaleurs de l'été, pour s'en servir pendant l'hiver.

Le climat et la température du Hanovre sont moins froids et un peu moins humides que ceux de la Hollande, par le motif que le sol des plaines, quoique en partie marécageuses, se trouve être placé sur un niveau un peu plus elevé; il est par conséquent moins défavorable à l'élève des herbivores. Le gouvernement hanovrien a donné à l'agriculture toute l'extension qu'elle peut atteindre; il excite par tous les moyens qui sont en son pouvoir l'industrie chevaline. Le commerce proprement dit est en grande partie concentré dans la ville libre de Bremen, située sur le Weser.

La fertilité du sol dans les lieux livrés à la culture, la modicité des frais d'exploitation rurale, le nombre des populations de chaque contrée, l'étendue des grandes propriétés, les systèmes d'assolement adoptés, assurent l'aisance à la classe des cultivateurs du Hanovre, et font de ce genre d'industrie, surtout dans le bailliage d'Hildesheim, une des principales sources de la richesse nationale.

La position spéciale de ce royaume, entouré de voisins qui font une grande consommation de chevaux, fait refluer dans le Hanovre d'immenses capitaux; ces moyens lui permettent d'y importer, pour l'amélioration des espèces chevalines, les meilleurs éléments qui se trouvent chez leurs voisins, surtout en Angleterre.

Les prairies naturelles de première qualité, dans ces pays, sont situées sur les rives des grands fleuves; les meilleures sont celles qui sont exposées à l'effet des inondations pendant une partie de l'année; celles qui ne participent point à ces avantages sont moins appréciées, parce que leur fertilité favorise moins la rapidité d'embonpoint qu'on s'efforce de donner aux élèves, qu'on vend dès qu'ils ont acquis le degré de développement convenable.

Un haras royal est établi au centre du Hanovre, pour fournir des étalons à toutes les contrées qui en ont besoin; deux autres haras sont situés dans la principauté de Lippe-Detmold et dans le comté de Hoya; ils contribuent puissamment à l'amélioration des races. Des mesures sévères s'opposent à l'usage d'autres étalons que de ceux entretenus par l'État; l'approbation des étalons particuliers est soumise à des conditions qui tendent à leur faire perdre la préférence sur les étalons royaux. Des haras particuliers, moins renommés et moins considérables, sont placés sur d'autres points du Hanovre.

Dans les parties du sol du Hanovre où les eaux permettent les communications par des routes, ces voies sont faciles et bien disposées. L'équitation, et tout ce qui s'y rattache, est l'objet de considérations nombreuses. Le cheval n'est employé à la selle que lorsqu'il a acquis son développement complet; jusque-là, il est utilisé selon ses forces au service du trait. Il est peu de nations, quelles que soient leurs ressources chevalines, qui fassent plus que le Hanovre en faveur de cette précieuse industrie. Aussi presque toutes les nations de l'Europe, si on en excepte l'Angleterre, la Russie et l'Espagne, viennent-elles se pourvoir de chevaux dans le Hanovre. Plusieurs gros marchands du continent exportent de nombreux convois de chevaux, sous le nom de chevaux du Mecklenbourg, qu'ils achètent pour des prix qui dépassent rarement 700 ou 800 fr., et qu'ils revendent plus du double; ils obtiennent par conséquent des bénéfices énormes.

La vallée de l'Ems, depuis l'embouchure de ce fleuve dans la mer du Nord jusqu'aux confins méridionaux du comté de Bentheim, est un pays plat sur les deux rives, offrant la continuation des marais du nord de la Hollande ; cette contrée du Hanovre est presque totalement submergée pendant six mois de l'année. Dans la vallée de l'Ems sont situés le bailliage d'Aurich ou Ost-Friesland, le district de Meppen, les comtés de Lingen et de Bentheim.

La vallée du Weser, beaucoup plus étendue que celle de l'Ems, comprend la partie submersible des plaines et la partie accidentée ou montueuse : dans la première sont situés la seigneurie d'Oldenbourg, une partie de la principauté de Kalemberg, le pays libre de Bremen, le district de Hanovre et une partie du bailliage de Lunebourg ; dans la partie accidentée sont situés les comtés de Diepholz, de Hoya, de Lippe-Detmold, les principautés d'Osnabruck, de Grabenhausen, de Gœttingen, de Hildesheim. Jusqu'aux limites du duché de Brunswick, les prairies d'embouchure de la vallée du Weser offrent des pâturages tellement abondants et tellement substantiels, qu'ils donnent très-rapidement l'embonpoint aux animaux qu'on y élève.

Pour soustraire les fourrages, après la fauchaison, à l'action des eaux lors des inondations, on les entasse, de distance en distance, sur des éminences disposées à cet effet. Vingt-quatre heures après la tonte des prairies, l'herbe est empilée encore toute humide et ne tarde pas à entrer en fermentation ; une combustion lente s'opère bientôt et donne à cette nourriture une odeur et un goût particuliers ; elle prend aussi une couleur roussâtre et une consistance telle, dans la masse entière, qu'on est forcé, lorsqu'on veut l'employer pour la nourriture d'hiver, de la couper avec de grandes lames de faux.

La vallée de l'Elbe, dans laquelle est située une partie des bailliages de Stade et de Lunebourg, présente la continuation des plaines du Hanovre ; la qualité des pâturages des îles de ce fleuve, et des plaines qu'il arrose, est supérieure à celle du reste du Hanovre. Ces contrées sont proportionnellement moins humides et moins basses que les vallées de l'Ems et du Weser, même dans les parties qui avoisinent la mer.

Les caractères des races hanovriennes tendent à disparaître par l'action incessante du sang anglais que le gouvernement s'efforce, depuis longues années, de produire exclusivement. Cette influence est très-sensible par ses résultats dans les vallées du Weser et de l'Elbe. L'espèce chevaline de la partie nord du Oldenbourg et de l'Ost-Friesland conserve cependant encore en grande partie les caractères de l'ancienne race hanovrienne.

En résumant, on distingue dans le Hanovre les types de la race anglaise, de la race hanovrienne, et de la dernière améliorée par la première. Les chevaux du Hanovre, quelle que soit leur race, se divisent en carrossiers et chevaux de selle ; chacune de ces catégories comprend les chevaux de luxe et les chevaux communs.

Les principaux haras du Hanovre sont : le haras royal, à *Celle*, sur l'Aller, affluent de droite du Weser; celui de *Lopshorn*, dans la principauté de Lippe-Detmold, sur le Werre, affluent de gauche du Weser ; et celui de *Meemsen*, près de Hoya. La description de ces établissements sera comprise dans l'énumération des ressources du Hanovre.

Vallée de l'Ems, Ost-Friesland. — Le bailliage d'Aurich ou l'Ost-Friesland, par son climat, sa température et la nature de ses pâturages, produit comparativement moins de chevaux que les autres parties du Hanovre : à peine élève-t-on deux cents poulains par an ; ses pâturages sont cependant d'assez bonne nature. La race chevaline, trop peu améliorée, ne donne encore que des produits médiocres pour la selle. Le caractère de race de ces chevaux est un mélange de ceux de la race frisonne et de la race hanovrienne ; mais on y fait quelques bons carrossiers pour l'exportation. Les marchés de chevaux sont établis au centre d'Aurich, à Emden, à l'embouchure de l'Ems, à Loer, au confluent de la Leda, à Wittmond, où est établie la maison du marchand Tuffel.

Meppen. — Le district de Meppen, placé au sud du baillage d'Ost-Friesland, participe des qualités et des inconvénients inhérents au sol du reste de la vallée de l'Ems, c'est-à-dire que, bas, humide et froid, il est peu favorable à l'élève du cheval. Ceux qu'on y élève sont peu nombreux, médiocres et peu distingués ; il y a cependant des marchés de chevaux à Neu-Aremberg, dans le Soterland, et à Meppen, sur l'Ems.

Lingen, Bentheim. — Les comtés de Lingen et de Bentheim, au sud du district de Meppen, quoique plus favorables que ce dernier, sont encore moins riches en chevaux que le reste de la vallée de l'Ems. Les marchés principaux pour les chevaux se tiennent à Lingen et à Emsburen, dans le comté de Lingen, à Neuenhens et à Bentheim.

• *Vallée du Weser.* — C'est la vallée du Hanovre où l'on élève le plus de chevaux ; la partie nord, qu'on appelle la *Marche* du Oldenbourg, et qui embrasse une largeur de 7 à 8 myriamètres le long des côtes de la mer du Nord, fournit un très-grand nombre de carrossiers, les uns communs, les autres plus distingués. A mesure qu'on avance dans cette vallée en s'éloignant de l'embouchure du Wéser pour remonter vers sa source, la race chevaline perd de plus en plus de sa haute taille et apparait plus distinguée jusqu'au bailliage de Hanovre, où sont réunis les éléments de la race hanovrienne perfectionnée.

Oldenbourg. — La seigneurie d'Oldenbourg, située au nord du Hanovre, entre le bailliage d'Ost-Friesland et le district de Meppen, à l'ouest du bailliage de Stade, est la contrée du Hanovre où l'on élève le plus de chevaux. La Marche du Oldenbourg seule exporte annuellement pour Hambourg, Berlin, Vienne, la Hollande, la Belgique, Francfort et la France, près de 4000 chevaux. Ils sont presque tous achetés par des marchands qui les exportent sous le nom de chevaux originaires du Holstein.

Tous ces chevaux en général sont des carrossiers de haute taille, plutôt communs que distingués, à fortes charpentes, à formes empâtées, à pieds volumineux et plats ; cette espèce de dégénération de l'espèce tient à la nature des pâturages, au genre d'alimentation et à la préférence que les paysans accordent à ce genre d'élèves et à la quantité innombrable de bestiaux qui vivent dans les vastes prairies de cette contrée.

La haute taille et l'embonpoint des chevaux de la Marche du Oldenbourg tiennent donc à la qualité substantielle des pâturages, qui, comme tous ceux des prairies d'embouchure, contiennent beaucoup de principes nutritifs sur un volume donné, et disposent singulièrement à l'empâtement des formes, plutôt qu'à l'energie et à la distinction. Il suffit donc d un arpent de pâturage dans le Oldenbourg pour engraisser à la fois et très-rapidement un cheval et un bœuf, il en coûte 60 francs pour un bœuf et 4 francs par semaine pour un cheval, jusqu'à ce que ces animaux aient acquis le degré d'embonpoint désiré : le Oldenbourg, à la fin de l'automne, fournit à la boucherie jusqu'à 10,000 têtes de bétail. On pourrait trouver dans ce pays 1000 à 1200 chevaux pour la remonte de la grosse cavalerie ; du côté d'Alteneck, on rencontre des chevaux moins élevés en taille et qui conviendraient parfaitement à la ligne.

Les marchés principaux se trouvent à Jèvre, à Varel et à Ovelgœme ; dans la Marche du Oldenbourg, à Oldenbourg, au centre, à Alteneck sur les confins du territoire de Bremen, à Vildeshausen et à Vochte dans la partie méridionale de ce bailliage. L'alimentation au sec du Oldenbourg, lorsqu'on prépare les chevaux à la vente, est très-abondante, chaque cheval consomme par jour de 12 à 15 kilogr. de belle avoine ; si les chevaux s'en dégoûtent, un tiers de cette énorme ration est remplacé par des fèves. L'air et la lumière pénètrent à peine dans leurs écuries ; pour en élever la température on y entasse des vaches. On conçoit que des chevaux ainsi gouvernés engraissent promptement, mais qu'ils sont disposés à la fourbure, aux maladies pléthoriques et à l'apoplexie. Il est donc indispensable, lorsqu'on les a achetés, et de les amener peu à peu à un régime mieux raisonné et de les saigner.

On remarque, lorsque les poulains quittent les prairies pour se rendre dans d'autres contrées pour y être vendus, qu'ils sont affectés de gourmes plus ou moins opiniâtres huit ou dix jours après qu'ils ont habité dans les écuries ; cette réaction humorale est souvent accompagnée de diarrhées intenses. Pour en diminuer les effets, les marchands sont dans l'habitude de tenir le plus possible ces jeunes animaux dehors, quel que soit l'état de l'atmosphère ; la maladie dure de vingt à trente jours, les fait maigrir beaucoup, mais ils reprennent peu à peu l'embonpoint avec la santé. Le traitement est nul et les mortalités rares.

Le pays d'Jèvre seul exporte annuellement de 12 à 1500 poulains pour la partie est du Hanovre où l'on fait peu d'élèves ; ils vont aussi dans le Mecklenbourg, le duché de Brunswick, la Saxe, le duché de Lippe-Detmold. Ces contrées ayant des pâturages moins étendus, et les petits cultivateurs faisant beaucoup de poulains, cela ne leur permet pas de courir les risques de perdre leurs bénéfices. Les beaux poulains du Oldenbourg se payent jusqu'à 12 ou 15 frédérics (280 à

330 fr.). On a reconnu que les poulains hanovriens bien choisis réussissent ordinairement bien en Mecklenbourg; les soins, la facilité de l'alimentation et une bonne nourriture expliquent ces résultats.

Le plus gros marchand de chevaux du Oldenbourg, et qui est reconnu pour le premier de toute l'Allemagne, se nomme Christian; il réside à Jèvre. Les sieurs Christian père et fils achètent dans le Oldenbourg un très-grand nombre de chevaux de trois à quatre ans, à livrer pour l'époque où les poulains seront en état, condition qu'ils apprécient avec une justesse extraordinaire : la nature du sujet son âge, la qualité des pâturages sont des guides qui les induisent rarement en erreur. Leur établissement est très-vaste, et leurs écuries renferment toujours au moins 300 chevaux.

La deuxième maison, moins forte que celle des sieurs Christian, se nomme Tuffet et Lésid, à Witmund, dans l'Ost-Friesland. Les chevaux qu'elle tient ont généralement plus de distinction.

Les principaux marchands de France qui vont dans le Oldenbourg, sont : May frères, de Strasbourg et de Besançon ; Lion Mantou, de Nancy ; Bénédic, de Metz; Pérault père et fils, de Saumur; Guinet et Parisis, de Lyon ; Calmettes, de Toulouse, etc. Ils vont deux fois en hiver et une fois en été, chaque année, enlever chacun des convois de 100 à 150 chevaux. Les frères May sont dans l'habitude de pousser jusqu'à Düsseldorf, où ils achètent des chevaux pour la gendarmerie; ils les vendent comme chevaux d'origine danoise.

D'autres marchands étrangers, Hesse, de Francfort; Boff, Eissig, Smack, de la vallée du Rhin; Fontano, de Milan, etc., exportent en tout environ de 600 à 800 chevaux qui, avec les 1200 à 1500 amenés en France et en Belgique, élève le chiffre des chevaux exportés à 2000 environ.

Hoya, Diepholz. -- Les comtés de Hoya et de Diepholz, dépendant du bailliage de Hanovre, sont situés au sud-est du Oldenbourg, sur la rive gauche du Weser; le comté de Hoya est arrosé par ce fleuve. Celui de Diepholz est compris entre l'extrémité méridionale du Oldenbourg et la partie ouest du comté de Hoya. Le comté de Diepholz est arrosé par la Hunte, qui traverse le lac Diemer; la Hunte est un des affluents de gauche du Weser, elle passe à Oldenbourg.

Les pâturages du comté de Hoya, moins humides, et les fourrages moins grossiers que ceux du Oldenbourg, font que les chevaux de cette contrée sont plus distingués. Elle se ressent du voisinage du haras royal de Celle, et particulièrement de celui de Memsem, qui cependant n'a point d'étalons pour le service public. A Memsem est placé un haras de 50 poulinières pour la spécialité des chevaux gris-blanc et isabelles, destinés au service de la maison royale de Hanovre. C'est de ce haras que sont sortis les huit chevaux isabelles envoyés par la princesse de Hanovre à l'empereur Napoléon.

Le Hoya fait naître beaucoup de poulains et n'élève que les pouliches. De belles poulinières, servies par les étalons du gouvernement, donnent chaque année de deux à trois cents poulains distingués; ils sont placés jusqu'à dix-huit mois chez des paysans; tous les mâles sont alors vendus. La maison Solmitz et Schœnefeld, de Brunswick, qui a le monopole de ce genre de commerce dans ce pays, les conduit dans le duché de Brunswick, où elle les vend par deux, quatre, dix, et aux baillis et aux paysans; il y a de grands cultivateurs qui en ont quelquefois de vingt à cinquante chacun.

Le comté de Diepholz, placé dans des conditions à peu près aussi favorables que le comté de Hoya pour l'élève des chevaux, procède d'après le même système et jouit des mêmes avantages; il exporte chaque année environ 200 poulains.

Les principaux marchés de chevaux se tiennent à Nienbourg, à Hoya, à Bentheim et à Diepholz.

Minden. — Le district de Minden, dépendant du grand-duché du Bas-Rhin (Prusse), est situé presque en entier sur la rive gauche du Weser, au sud des deux comtés précédents, à l'est d'Osnabruck; le nord du district de Minden est la fin des plaines du Hanovre; le pied des montagnes commence à la rive gauche de la Basta, affluent de gauche du Weser, le reste du district est accidenté, bien cultivé, planté de bois dans certaines parties et possédant de bons pâturages, moins riches cependant que ceux des plaines du Hanovre. Les 300 à 400 poulains qui naissent annuellement dans le district de Minden, n'ont pas une grande distinction, mais sont étoffés, bien membrés, tête légère, des allures excellentes; leur taille est de 6 à 8 pouces.

La maison Solmitz explore cette contrée chaque année, et y achète la plus grande partie des élèves qui ont l'âge convenable, pour les emmener dans le Brunswick. Les principaux marchés de chevaux sont à Peterhagen, Minden, Rinteln, Rodenberg, Herford et Bielefeld.

Osnabruck. — La principauté d'Osnabruck, située au sud d'Oldenbourg, est traversée dans toute sa longueur par l'extrémité de la chaîne de montagnes hercinéo-carpathiennes; elle est aussi traversée par la Haaie, affluent de droite de l'Ems. Quoique accidentée et riche en pâturages, cette contree du Hanovre, eu égard à ses voisins, est pauvre en chevaux; on y élève beaucoup de bétail, le sol est très-boueux et les communications difficiles, ce qui oblige les habitants de voyager à cheval. Les chevaux du Osnabruck ont la tête busquée et longue, les formes communes, empâtées, le pied plat et fort, le tempérament lymphatique; ils sont pour ces motifs très-peu estimés.

Les marchés principaux sont à Quackenbruck et à Osnabruck; le commerce des chevaux y est presque nul.

Lippe-Detmold. — La principauté de Lippe-Detmold, située au sud-est du district de Minden, est une contrée accidentée, plantée de bois dans une partie de son étendue, et riche en bons pâturages qui favorisent l'élève de chevaux. La principauté de Lippe-Detmold possède le haras de Lopshorn, sur la Werre, affluent de gauche du Weser; là se trouve la souche d'une race particulière du Hanovre. Ce haras est composé de 40 étalons arabes et anglais, et d'un grand nombre de poulinières très-distinguées. Celles-ci, suivies de leurs poulains, sont abandonnées dans la forêt appelee Lippswald, où sont établis des hangars et autres abris pour les recevoir pendant l'hiver. Ces animaux vivent ainsi à l'état presque sauvage. De très-bons pâturages occupent le fond des vallons de cette contrée accidentée, que traverse la chaîne des montagnes hercinéo-carpathiennes. Ces chevaux reçoivent l'hiver du foin, et de l'avoine dans laquelle on mêle de la paille hachée.

La race des chevaux de ce haras porte le nom de Senner; les étalons qui en proviennent portent sur la fesse gauche pour marque de reconnaissance une rose, ceux de la race commune du même haras ont les initiales L D.

Malgré leur distinction, on reproche aux chevaux Senner d'être minces, serrés, trop peu musclés, et d'avoir le pied presque encastelé; de plus, d'être difficiles à monter, parce qu'ils ne supportent pas aisément la pression des sangles. Ils ont généralement beaucoup de figure, leur taille est de 7 à 10 pouces; beaucoup de fond et de brillantes allures sont des qualités qu'ils possèdent tous.

Les marchés de chevaux se tiennent à Varenholz, à Uffeln, à Blomberg et à Swalemberg.

Le pays qui s'étend entre le Weser et l'Elbe, au nord du Hanovre, comprend : 1° la principauté de Kalemberg, dépendant du bailliage de Hanovre, à l'embouchure de l'Osta dans la mer du Nord; 2° le district de Landhadeln, sur la rive gauche de l'Elbe; 3° le district de Landwusten, à l'embouchure du Weser; 4° le district de Landheslingen, au sud.

Kalemberg. — La principauté de Kalemberg, arrosée par l'Osta, présente des pâturages submersibles, participant par leur richesse de ceux de la Marche du Oldenbourg, mais d'une qualité cependant meilleure, parce que le sol est un peu plus élevé et un peu moins humide. L'espèce chevaline y est moins matérielle et plus distinguée. La principauté de Kalemberg produit annuellement 300 ou 400 poulains propres à la cavalerie légère et à la ligne. L'alimentation est, à peu de chose près, la même que celle du nord du Oldenbourg. Le plus fort marché de chevaux se tient à Kalemberg; les plus belles poulinières sont servies par les étalons royaux du haras de *Celle;* quelques beaux étalons approuvés concourent aussi à cette production. On reproche à ces chevaux, comme à ceux des contrées voisines des côtes, d'être disposés aux affections pulmonaires, à cause de la nature salée des fourrages qui ont été inondés par les eaux de la mer.

Landwusten. — Le district de Landwusten, au nord du bailliage de Stade, sur la rive gauche du Weser, entre ce fleuve et le sud du Kalemberg, est une contrée dont le sol submersible présente la continuation des pâturages de la Marche du Oldenbourg, dont le district est séparé par le Weser. Les observations relatives à la Marche du

Oldenbourg et du Kalemberg s'appliquent au district de Landwusten, qui produit chaque année au moins 200 bons poulains. Les marchés de chevaux sont à Ottendorf, à Bederkesa et à Dorfhagen.

Landheslingen. — Le district de Landheslingen, situé à l'ouest de Stade et au nord de Rothenbourg, étant dans une position plus favorable que les districts voisins, produit une espèce de chevaux encore moins grands de taille et très-propres à la cavalerie légère. Beaucoup sont achetés pour les remontes d'Italie.

Les marchés principaux de chevaux sont établis à Bremervorden au nord, à Heslingen, à Zeven au centre, à Fischerbude au sud.

Verden. — Le duché de Verden est situé à l'est de Hoya et à l'ouest de Lunebourg. Avec un sol moins humide et plus fertile que le nord du Hanovre, ce pays possède d'excellents pâturages et une espèce de chevaux remarquable.

Plus rapproché du haras de Celle que les autres contrées situées entre l'embouchure du Weser et le pays de Bremen, il se ressent essentiellement de ce voisinage. Les chevaux y sont généralement distingués et bons.

Le district de Rothenbourg conserve la spécialité des chevaux entiers peu distingués, plus propres au service agricole qu'aux autres. En général, on ne conserve que les mâles et les poulinières reconnues pour donner de bons produits. Les Italiens vont aussi y faire des achats pour leur cavalerie.

Les marchés principaux de chevaux sont ceux de Rothenbourg et à Wisselhœvède. La maison Solmitz de Brunswick y fait de nombreux achats de poulains.

Hanovre. — Ce district a pour chef-lieu Hanovre, capitale du royaume. La fertilité du sol, la bonté des pâturages permettent d'y élever de bons chevaux. Le voisinage du haras de Celle et le choix de très-belles poulinières contribuent à cette source de richesse nationale.

A quelques lieues de Hanovre, et sur la route qui mène à Hoya, se trouvent les villages de Osterwald et Langenhagen, renommés plutôt par l'excellente qualité que par le nombre des chevaux. C'est le pays des meilleurs, des plus fidèles palefreniers et conducteurs de chevaux que possède le Hanovre. L'amour du cheval est inné chez les habitants de cette contrée; leur probité est irréprochable, et il est sans exemple encore qu'un seul ait commis un acte d'inconduite ou d'infidélité dans son service. Les marchands de chevaux leur confient fréquemment la conduite de leurs nombreux convois; la commission n'a eu qu'à se louer de leur service.

Hanovre-sur-Leine possède des établissements hippiques et militaires qui méritent qu'on en donne ici une description succincte.

Les principaux établissements sont l'hôtel des gardes, les écuries du roi et les écuries de la poste.

L'hôtel des gardes est situé à la sortie de la ville, sur la route conduisant à Montbrillant. Ce corps est composé de 300 à 400 jeunes hommes de grande taille et bien choisis; ils soignent eux-mêmes leurs chevaux. Leur costume est simple: casque de cuir, surmonté d'une haute chenille de crin noir; habit de drap bleu de ciel, retroussis et passe-poil garance; capote et pantalon de drap gris; petites bottes; armés du sabre et du pistolet. Harnachement simple; cependant fortes selles, approchant du modèle dit à la Rochefort, sans prolongement en arrière de la selle ou plutôt de l'arçon, à siége relevé en arrière, à grands coussinets pour le portemanteau; grande couverture bleue, ployée en haut sous la selle; schabraque bleue, les cuirs et la bourrelerie noirs; bride simple avec mors à l'embouchure, d'une seule pièce, à branches droites, avec gourmette simple ordinaire.

Les écuries sont larges et bien aérées; le barrage des chevaux par un a lieu à l'aide de forts poteaux; les chevaux reçoivent des soins continuels et appropriés à leur état. Une écurie contient 250 chevaux; un manége communique avec cette écurie. La forge est contiguë au manége; on y pratique la ferrure podométrique à froid, qui vient d'y être adoptée par ordre du roi. Tous les chevaux portent sur la fesse gauche l'empreinte de reconnaissance, formée par la réunion des trois initiales G D C, surmontées de la couronne hanovrienne. La taille de ces chevaux est de 4 pieds 10 pouces à 5 pieds; les réformes et les mortalités sont rares, conséquence des bonnes qualités et de l'origine des chevaux. Tous portent à un plus ou moins haut degré les caractères de race, c'est assez dire qu'ils ont de la figure et beaucoup d'énergie; ils sont exercés tous les jours.

Un écuyer particulier est chargé spécialement de l'éducation des chevaux jeunes et difficiles. Outre la considération dont il est entouré, il jouit d'un traitement en rapport avec ses fonctions, qui ne sont pas sans être pénibles : il monte jusqu'à douze chevaux chaque jour.

Les écuries du roi sont placées au centre de la ville de Hanovre ; elles renferment 230 étalons. Les haras de Celle, de Lopshorn et de Memsem en sont des annexes. Ensemble, ces établissements présentent une réunion de 600 chevaux destinés à la reproduction.

Voici la répartition de ces 600 chevaux :

1° Haras de Memsem, près d'Hoya, 50 poulinières, robe isabelle et gris-clair, servies par les étalons de mêmes nuances des écuries du roi, pour conserver ces robes	50
2° Haras de Lopshorn, dans le Lippe-Detmold, pour la conservation de la race Senner ; poulinières et étalons	100
3° Haras royal de Celle, composé seulement d'étalons de pur sang, demi-sang et quart de sang	220
4° Écuries du roi à Hanovre, quelques mulets et mules	230
TOTAL	600 têtes.

Les écuries vieilles sont destinées aux chevaux d'attelage. Quoiqu'un peu sombres, elles sont remarquables par leurs dimensions ; les chevaux y sont séparés par des stalles, les râteliers sont de fer et en forme de hottes ; l'attache est d'après le nouveau système français. Les 120 chevaux qui y sont logés sont classés par robes, et font un très-bon effet.

L'écurie neuve, placée sur l'alignement des vieilles, est mieux éclairée, quoique établie sur les mêmes dimensions, et présente le même système de stalles ; elle renferme 80 chevaux de selle, rangés sans égard pour la couleur du poil.

Le manége, placé à l'angle droit à l'extrémité nord-ouest de l'écurie neuve, est, par ses dimensions et par la richesse des décors intérieurs, l'un des plus beaux manéges de l'Europe. Il est fréquenté par tout ce qu'il y a de grand dans le Hanovre, et principalement par les personnes de la maison du roi. La passion du chef de l'État pour le cheval, pour les exercices équestres, le goût général qu'il a su imprimer à toutes les classes du royaume, et l'exemple qu'il donne lui-même, expliquent l'assiduité avec laquelle on cherche à profiter des leçons données par les écuyers distingués attachés à la personne du roi.

L'équitation est professée au manége royal de Hanovre par MM. le comte de Sporcken, chambellan et grand écuyer; le comte de Blom, écuyer ordinaire; le baron Meyer; le capitaine Marke, homme d'un très-grand mérite.

Une troisième écurie, dite de la maison de ville, contient 30 jolis chevaux hongres, destinés au service de la personne du roi.

Quel que soit l'état de l'atmosphère, tous les chevaux sont exercés chaque jour pendant une heure et demie au moins; les écuyers surveillent et dirigent ces travaux équestres; les chevaux de selle sont montés soit au manége, soit à la carrière, et les chevaux de voiture sont attelés par deux ou par quatre. Comme on l'a dit plus haut, tous les chevaux de ces établissements sont ferrés d'après le système podométrique à froid et à l'écurie; M. Hannemann, professeur à l'École vétérinaire de Hanovre, est spécialement chargé de l'exécution des détails de cette partie de l'hygiène.

Le chef de l'État est à la tête de tout ce qui se rattache au haras, à l'équitation et au service des postes; il a le monopole et il exerce la plus grande influence sur tout ce qui se rattache à la science hippique. Tous les relais de poste du royaume lui appartiennent; ils sont distancés à peu près sur le même pied qu'en France et généralement bien servis; on doit cependant faire observer que la vitesse est réglée de manière à conserver les chevaux. Les entreprises de diligences sont le domaine de quelques propriétaires.

Le relai de poste de Hanovre, composé de 100 chevaux environ, est établi place de Berg; les chevaux qui le composent, comme ceux des autres relais, sont généralement bien choisis.

Les principaux marchés de chevaux du district de Hanovre sont établis à Neustadt et Wunstorff, à Hanovre, à Rodenberg, Pattensen, Eldagsen, Hameln et Hennendorf dans la partie méridionale. La foire de Hanovre est considérable et a lieu dans les premiers jours de janvier.

Ouest du Lunebourg. — Dans la partie du bailliage de Lunebourg, situé dans la vallée du Weser, est compris le district de Celle, renommé par le haras de ce même nom. Rétabli en 1815 sur le même pied qu'il est aujourd'hui, ce district est situé au nord est de celui de Hanovre, au nord de Hildesheim et du grand-duché de Brunswick. Le nord et le nord-est du district de Celle est couvert de landes et de bruyères marécageuses; le centre et le sud de cette contrée sont généralement cultivés; les pâturages y sont très-bons et très-riches. La race des chevaux est l'une des plus améliorées du royaume, grâce à la précieuse réunion d'éléments que possède cet établissement royal, qui compte 220 étalons de choix; 72 sont de pur sang, demi-sang et quart de sang. Les autres ont plus ou moins de distinction et sont originaires soit de haras étrangers, du royaume ou de ceux que possèdent les plus riches propriétaires du pays.

L'établissement de Celle compte trois vastes écuries et un beau manége, de grandes cours et d'immenses pâturages. La première écurie contient 144 étalons de choix, la seconde 40 et la troisième 30; total, 220.

Le prix de la monte est fixé: 1° par les étalons pur sang à 2 frédérics, ou 43 francs; 2° par les chevaux de demi-sang à 3 thalers et 12 bons gros, ou 13 fr. 50 c.; 3° par les chevaux quart de sang à 1 thaler, ou 3 fr. 80 c., et une mesure d'avoine.

Le choix des étalons est réservé aux officiers qui commandent dans les stations, afin de ne rien livrer au caprice des éleveurs et de contribuer puissamment à l'amélioration des races indigènes. La monte dure quatre mois, du 1er décembre à la fin de mars. Les étalons sont mis en service à six ans, et font 70 saillies chacun pendant la monte, ce qui donne un total de 14,700 saillies.

Depuis deux ans environ, le haras de Celle a acquis 32 étalons de pur sang anglais. Dans cette nombreuse réunion de chevaux, il n'est pas rare d'en rencontrer qui ont les extrémités tarées. Lorsque ces défectuosités ne nuisent pas essentiellement au service et ne sont pas héréditaires, les Hanovriens y attachent peu d'importance; pour eux, la valeur du cheval réside dans la noblesse de son origine, les qualités de ses ancêtres, et surtout dans celles dont il a donné et donne encore des preuves. Ces étalons sont exercés régulièrement pendant deux heures chaque jour. On remplace annuellement tous ceux qui sont réformés; les mortalités sont très-rares.

La ration au haras royal de Celle est de 5 kilogrammes d'avoine donnée en quatre fois, 3 kilogrammes 1/2 de foin et 5 kilogrammes de paille.

Comme aux écuries du roi, les chevaux sont abreuvés à l'écurie et au seau ; l'eau est tirée à l'avance. Parmi les plus beaux étalons que possède en ce moment le haras de Celle, on distingue : *Kion*, bai ; *Solimán*, alezan ; *Trigs*, bai ; *Drum*, bai, et *Durado*, gris.

Les principaux marchés de chevaux sont ceux de Walsrode, de Celle, de Gifhorn, et de Bergedorf au sud.

Hildesheim. — Le bailliage de Hildesheim, situé au sud de Hanovre, est une contrée accidentée, très-fertile et très-riche ; on le nomme le grenier d'abondance du Hanovre ; ses pâturages sont d'une excellente qualité. Cette partie montueuse de la chaîne hercinéo-carpathienne est bornée à l'ouest par le cours du Weser ; de nombreux affluents de droite de ce fleuve arrosent la contrée. La Leine, qui passe à Hanovre, prend sa source dans la partie méridionale de Hildesheim.

Malgré l'importation considérable des chevaux dans cette contrée, elle produit, année commune, plus de 800 poulains de races et d'espèces variées ; un grand nombre ont de la distinction et sont propres à la cavalerie légère et à l'arme de ligne ; leurs qualités tiennent à la disposition du sol et à la nature des pâturages. Ceux qui ont le plus de race sont élevés sur les bords de la Leine et de l'Innerste. Les poulains danois importés dans ce bailliage réussissent généralement bien.

Les habitants de Hildesheim sont considérés comme des éleveurs zélés et passionnés pour le cheval. Il est peu de paysans qui n'élèvent pas de chevaux ; leurs chevaux se payent de 30 et 40 frédérics (660 a 880 fr.) ; on les utilise dès l'âge de trois ans aux exploitations agricoles. L'alimentation est abondante, les soins les plus minutieux leur sont prodigués, soit au travail, soit aux écuries, lesquelles sont bien éclairées et bien aérées. D'une propreté et d'une tenue remarquables, chaque cheval à sa stalle et une abondante litière ; il est rare qu'on use de mauvais traitements envers ce précieux animal ; l'homme n'emploie à son égard que des moyens de douceur.

On reproche cependant aux chevaux de Hildesheim d'être sujets à l'immobilité, affection qui se déclare de huit à quinze jours après l'achat. A l'écurie, on reconnaît cette maladie grave par ses suites, au facies particulier. Ces chevaux ont presque constamment le nez dans la mangeoire; lorsqu'on les exerce pour les vendre, ils sont promptement essoufflés; beaucoup de ces chevaux, trop fortement nourris, sont disposés à la fluxion périodique et au cornage. Les paysans sont convaincus que ces affections sont héréditaires.

Le bailliage de Hildesheim produit aussi beaucoup de bestiaux, et possède surtout une très-belle bergerie de mérinos, dont la laine est magnifique.

Les marchés principaux de chevaux se tiennent à Sarstedt, Hemmendorf, Alfeld, Salzgitter, Oldendorf, Grubenhagen, Gœttingen, etc.

Vallée de l'Elbe; Landhadeln. — Le district de Landhadeln, situé en Calemberg et Stade, sur la rive gauche de l'Elbe, près de l'embouchure de ce fleuve, est un pays plat et humide, comme toute la partie des côtes de la mer du Nord; on y élève de bons chevaux propres à la cavalerie légère et pour l'arme des lanciers.

Les principaux marchés de chevaux sont établis à Frieburg et à Niendorf.

Le petit district de Stade, qui est près de là, a d'excellents pâturages et produit de bons chevaux, qui sont achetés par les remontes d'Italie.

Lunebourg. — Le bailliage de Lunebourg, situé sur la rive gauche de l'Elbe, au sud du Mecklenbourg, à l'est de Hanovre, au nord du duché de Brunswick, est une contrée placée partie dans la vallée du Weser et partie dans la vallée de l'Elbe.

Si l'on excepte du bailliage de Lunebourg le district de Celle et la zone de 3 myriamètres qui longe l'Elbe, le reste est un pays marécageux, presque entièrement inculte, couvert de bruyères ou landes dans lesquelles l'élève du cheval est très-borné. Cette aridité du sol contraste avec la fertilité des localités mises en culture; ces dernières sont celles qui bordent les cours d'eau. Le centre du Lunebourg porte le nom de *Luneburger-Heide* (landes du Lunebourg); on y entretient de nombreux troupeaux de petits moutons à laine noire, race vraiment misérable et dégénérée par la pauvreté du sol.

Les chevaux de la rive gauche de l'Elbe et des îles nombreuses de ce fleuve sont nommés *Elbpferde* (chevaux de l'Elbe) ; ils ont une réputation méritée.

Les habitants des parties de cette contrée du Lunebourg où l'on peut se livrer à l'élève du cheval, entretiennent avec le plus grand soin un très-grand nombre d'excellentes poulinières, qui sont servies par les étalons du haras royal de Celle. A l'âge d'un an à dix-huit mois, les poulains des rives de l'Elbe sont en grande partie exportés en Mecklenbourg, dans le duché de Brunswick, surtout dans le pays de Helmstedt ; les autres sont conduits dans le centre du royaume de Hanovre. Les paysans qui les achètent les élèvent jusqu'à *trois* ans et demi, époque à laquelle ils les mettent en service. D'après leurs qualités et leur degré de distinction, les poulains des contrées de l'Elbe, quand ils quittent ce pays, sont payés de 12 à 15 frédérics (260 à 330 fr.).

Le district de Lunebourg importe chez lui des poulains mâles assez corsés, qui sont propres au labour et au roulage ; ils y sont élevés jusqu'à l'âge de quatre ou cinq ans. On les nourrit beaucoup au sarrasin, alimentation qui les prédispose au vertige et à la fluxion périodique.

La foire la plus importante pour ce genre de chevaux se tient à Velzen au mois de novembre ; les marchands qui les achètent les conduisent aux environs de Magdebourg ; là, leur nourriture change, l'avoine remplace le sarrasin, ils deviennent de bons chevaux.

La forêt de Gordwald, qui occupe une grande partie de la contrée située entre Dalenberg et Luchow, permet cependant d'élever sur la rive gauche de l'Elbe des chevaux légers et de plus doublés pour l'arme des dragons.

Les principales foires de chevaux sont établies à Haarbourg le 1er février, à Welle le 7 février et 4 avril, à Lunebourg le 30 septembre.

Commerce des poulains. — Le commerce des poulains âgés de quatre à cinq mois, dits *nourrissons*, se fait principalement dans les localités où l'amélioration de la race chevaline a fait le plus de progrès ; c'est le long de l'Aller, de la Leine, du Weser jusqu'à Bremen, de l'Elbe, depuis Harbourg jusqu'à Brakede.

Les poulains les plus distingués sont presque toujours achetés par les courtiers, et en petit nombre, par des propriétaires, chez les éleveurs. Il est connu de tout le monde que les marchands et leurs courtiers connaissent mieux les ressources qui existent dans chaque contrée, que les éleveurs eux-mêmes. Les gardes d'étalons, les courtiers et les paysans sont toujours à la recherche des poulains qui paraissent offrir le plus d'avenir; ils reçoivent à titre de commission, pour ces renseignements, de 2 à 3 thalers (8 ou 10 fr.) par sujet. Comme ils se font un petit revenu de cette industrie, ils s'attachent à connaître tous les produits des lieux qu'ils habitent.

Les poulains qui ne se vendent pas à domicile, soit à cause de leur robe, qui ne plaît pas, soit à cause de leurs formes mal disposées, composent dans le commerce, avec les poulains des juments médiocres, le deuxième et le troisième choix. La plupart de ces poulains sont conduits aux foires de la Saint-Jacques, dont la plus importante est celle d'Altenbrackhausen. Les districts de Syke, Achim, Westen, Hoya, Verden, Brackhausen, d'Ahlden, de Neustadt, ainsi que les pays de bruyères du district de Hoya, y conduisent également les leurs. Les marchés de Verden, Ahlden, et Bethemer dans le Hanovre, sont les moins fréquentés. Les éleveurs de poulains de race voient avec peine que, dans ces marchés, on donne souvent la préférence aux sujets qui ont de la taille et une forte charpente, caractères ordinaires de basse origine. Plus tard ils sont encore recherchés par le commerce.

A l'époque des foires qui ont lieu dans les endroits que nous venons d'indiquer, ainsi que dans les fermes de Saint-Jurgens, le long de la Wümme, de l'Oste et dans les districts marécageux de Lilienthal, les marchands de Thuringue, d'Aberstadt, de Hildesheim et de Calemberg, achètent de nombreux troupeaux de poulains, qu'ils vont vendre aux fermiers, aux petits cultivateurs et aux propriétaires de leurs districts. Les poulains de l'Elbe passent souvent dans le Mecklenbourg, où ils font très-bien, et sont plus tard vendus pour chevaux mecklenbourgeois.

Les poulains les moins estimés sont ceux qui proviennent des étalons privés, dans les pays de bruyères; ils restent en grande partie dans le pays; ceux qui en sortent sont vendus de 15 à 30 thalers (60 à 120 fr.), tandis que les poulains qui proviennent des étalons royaux, qui portent déjà un caractère marqué de distinction dans les formes, sont vendus de 46 à 58 thalers (184 à 230 fr.), surtout dans le bailliage de Bederkesa, où l'on fait principalement des poulains de robe grise. On remarque que les juments des races communes ont souvent beaucoup de lait, et que c'est le motif pour lequel leurs poulains viennent bien.

Commerce des poulains d'un an. — Ce commerce se fait principalement par les propriétaires des grandes fermes dans le comté de Hoya, de Stolzenau, Nienbourg et Westen, qui achètent tous les ans de 4 jusqu'à 12 poulains nourrissons, au prix de 17 à 28 thalers (69 à 112 fr.); ils se défont souvent des produits du même âge qu'ils ont eus de leurs poulinières, pour la somme de 46 à 72 thalers (184 à 296 fr.), et réalisent de cette manière de forts bénéfices. Ils nourrissent les premiers environ pendant un an, et vont ensuite les vendre à Bausch et Bogen, aux marchands de poulains, comme ayant un an et demi; ceux-ci les conduisent dans l'Oberland.

Il est difficile de se procurer de bonnes pouliches d'un an; on ne trouve à acheter que celles qui ont eu la diarrhée, sont blessées, ont un défaut extérieur, ou n'ont pas pu être vendues comme nourrissons l'année précédente. Le prix ordinaire est de 21 à 72 thalers (115 à 296 fr.).

Un grand nombre de poulains médiocres, mêlés à une espèce meilleure, sont transportés dans les districts de la basse Elbe et du Weser, ainsi que dans l'Oberland. Pour cette partie du Hanovre, ce sont les frères Lemmel, à Leine, et les frères Tanke, à Dollern, bailliage de Harsefeld, qui ont la spécialité de ce commerce.

Dans le Hanovre, la moitié des poulains sont vendus quelques mois après leur naissance. Comme il leur survient rarement des accidents, qu'ils ont coûté très-peu de nourriture, ils donnent un bénéfice net aux producteurs.

Commerce des poulains de deux ans. — Les propriétaires qui font des poulains de trois ans, soit pour la reproduction, soit pour le commerce, achètent des sujets de deux ans dans leurs localités. Les principaux marchés de poulains de cet âge se tiennent à Lamstedt, dans la basse Elbe et le Weser. Les marchands de Freudenberg et de Harpstedt en ramènent dans leurs districts; et plus tard ils font partie des fournitures des remontes de la Belgique et de la Hollande.

Dans toutes les parties du Hanovre où les étrangers viennent acheter des chevaux, on prépare les poulains de deux ans pour le commerce des chevaux de quatre ans ; les procédés frauduleux que l'on met en usage sont les suivants : Du moment que les pinces de remplacement présentent deux ans et demi, on enlève les mitoyennes de lait ; bientôt les mitoyennes de remplacement paraissent, et vers l'automne le poulain semble avoir quatre ans. C'est généralement dans ces conditions que les marchands achètent des poulains de trois ans, qu'ils revendent pour avoir quatre ans faits (1).

Avant de terminer ce paragraphe, nous croyons utile de dire que, depuis un recensement fait par Marcard, hippologue hanovrien, on compte dans le Hanovre 36,000 poulinières employées à la reproduction ; elles sont servies par 600 étalons. Il estime qu'il naît annuellement environ 35 à 40,000 poulains de toutes espèces. Ces chiffres permettent d'apprécier l'étendue du commerce de chevaux qui se fait dans le Hanovre.

D'après cet aperçu sur les races chevalines du Hanovre, on distingue donc :

La race frisonne, dans la vallée de l'Ems, race commune, à formes et à caractères conformes à la race frisonne de la Hollande, est peu estimée et n'est point recherchée des marchands qui exportent.

La race oldenbourgeoise de carrosse et de selle ; la première répandue dans la Marche du Oldenbourg, et le long des côtes depuis le pays d'Jèvre jusqu'auprès de l'embouchure de l'Elbe. Race de haute taille, présentant un assez bon cadre, la tête carrée et un peu busquée, l'œil beau, le rein bien fait, la croupe arrondie ou légèrement inclinée, beaucoup de ventre, les formes généralement communes et empâtées, les membres assez forts, les pieds volumineux et plats, mais susceptibles de s'améliorer. La taille est de 4 pieds 10 pouces à 5 pieds, et plus même. Ces chevaux sont gros man-

---

(1) On sait que cette fraude est generalement pratiquee en Angleterre, et que cette opération est le sujet de grossieres plaisanteries de la part de ceux qui la pratiquent.

Les maquignons français sont également dans l'habitude de se livrer à cette operation aussi barbare que deloyale.

geurs, ce qui tient au genre d'alimentation de ces contrées pendant la jeunesse. Les allures sont bonnes, peu brillantes cependant; mais ils ont du fond et deviennent de bons chevaux après avoir langui jusqu'à l'âge de six ans. Le prix d'achat de ces chevaux dans le pays est de 28 à 32 frédérics (610 à 700 fr.).

La race oldenbourgeoise, qui est propre à la selle, est plus légère, meilleure et moins haute de taille que la race carrossière; ses formes sont moins communes, mais elle est beaucoup plus rare que la première.

La race hanovrienne proprement dite, répandue dans plusieurs parties du royaume, a totalement disparu dans quelques contrées. Sa taille est plutôt moyenne que grande, elle est assez distinguée; sa tête est légère, parfois un peu busquée; l'œil petit, haut placé, ce qui donne à la tête une expression particulière et l'a fait nommer *tête d'oiseau;* l'encolure sortie, musculeuse; l'épaule haute et oblique; le poitrail assez ouvert; le jarret bien sorti; la côte ronde; le dos et le rein un peu longs; le sacrum mal attaché au rein; la croupe plutôt bien que mal; l'avant-bras bien musclé; le genou bien fait; la cuisse assez forte; le jarret convenablement fort et net; le pied quelquefois un peu plat, défaut qui tient à la mauvaise ferrure et au sol des pâturages.

La race des chevaux de l'Elbe (ou Elbpferde) présente un bon cadre, une taille moyenne, une tête légère et bien faite, des formes arrondies, de bons membres, mais le pied un peu fort. Cette race participe à la fois de la race Senner et anglaise.

La race Senner, pour la conservation de laquelle est établi le haras de Lopshorn, est d'une belle taille, à cadre assez bon, à formes distinguées, mais ayant le système musculaire trop peu prononcé; à la tête carrée, l'encolure bien faite, bien sortie, la poitrine et le corps trop peu ouverts; le jarret est prononcé, le dessus brillant, peu de dessous, les membres assez bien conformés et en rapport avec le reste de la charpente, le pied disposé à l'encastelure; de belles allures, beaucoup de fond, mais ayant le système nerveux très-irritable.

La race anglo-hanovrienne, répandue dans le centre et la partie méridionale du royaume de Hanovre, est celle que recherchent les marchands qui opèrent des exportations pour la Prusse, certaines contrées de l'Allemagne, la Saxe, l'Italie et la Belgique. Cette race est de belle taille; elle fournit des chevaux de selle généralement légers, à formes plus ou moins distinguées, suivant les alliances et le degré de qualité des mères et des étalons. Il suffit de dire que cette race tient beaucoup plus de la race anglaise que la race hanovrienne proprement dite.

Les caractères de la race anglaise, étant connus de tout le monde, nous dispensent ici de les décrire. Il suffit de dire que le choix des élements d'amélioration est toujours dicté par de profondes connaissances hippiques, et repose sur le soin que le roi de Hanovre apporte dans l'entretien d'un haras particulier qu'il possède en Angleterre à titre de duc de Cumberland.

On est dans l'habitude en Hanovre de présenter les poulinières aux étalons neuf jours après la mise bas. Il est rare qu'après la deuxième saillie elles ne soient pas fécondées. La statistique hippique du Hanovre porte le chiffre des saillies par les étalons du haras de Lopshorn, ceux du haras de Celle, des écuries du roi et de ceux des propriétaires qui possèdent des étalons approuvés, à 20,000 saillies environ. Les avortements sont rares, ainsi que la mortalité des poulinières et de leurs poulains.

Quelques jours après la mise bas des poulinières, ces bêtes reprennent graduellement le cours ordinaire de leurs travaux; elles sont accompagnées aux champs par leurs jeunes poulains. On ajoute à la nourriture qu'ils prennent de la mère, du pain, beaucoup de lait de vache dans lequel on mêle de la farine; plus tard, des herbes tendres leur sont présentées. Il est des éleveurs hanovriens qui tiennent infiniment à leurs poulinières, et qui ne les vendent pour aucun prix, surtout lorsque leurs bonnes qualités et la distinction de leurs produits sont connues. Quelques-unes de ces mères donnent des sujets d'un grand prix; leur fécondité explique pourquoi il n'est pas rare de trouver des poulinières qui ont produit à leurs maîtres des revenus de 20,000 à 30,000 fr. On en cite qui pendant leur vie ont donné quinze beaux produits. Dans certains établissements on voit des poulinières qui, dans l'espace de cinq à six ans, sont suivies de 5 ou 6 beaux poulains.

MARQUES DE RECONNAISSANCE DES CHEVAUX EN HANOVRE.

Par ordre du roi, les étalons royaux et ceux de premier choix ne sont plus marqués à la fesse gauche; les autres portent les marques de reconnaissance suivantes:

C	Charles, duc de Brunswick.
DC	Ancien duc Charles.
	Première race du haras de Lopshorn (Senner).
LD	Race commune du même haras.

Les marques d'origine, pour les poulinières et les poulains primés, sont placées sous la crinière du côté gauche.

WB	Voll-Blut, ou pur sang.
ALB	Halb-Blut, ou demi-sang.
FB	Viertel-Blut, ou quart de sang.

Les autres marques de reconnaissance appartiennent à l'armée; elles sont:

GDC	Leibwache, garde du corps.
D	Dragoner, dragons.
EA	Huzards d'Ernest Auguste.
G	Huzards de Georges.
AR	Artillerie, artillerie.
LD	Polizeiwache, gendarmerie.

Ces marques de l'armée, à l'exception de la dernière, sont surmontées d'une couronne royale.

REMONTE DE LA CAVALERIE HANOVRIENNE.

Avant 1838, les régiments de cavalerie se remontaient pour leur compte. Un régiment achetait seul, pendant plusieurs années, dans le Mecklembourg; un autre essayait les remontes dans Lippe-Detmold, le Holstein et même en Russie; on mêlait à ces produits étrangers des chevaux indigènes. Les régiments de cavalerie légère traitaient, pour la plupart, avec des marchands qui achetaient à condition, des eleveurs, des poulains de trois ans et demi. Les deux régiments de grosse cavalerie achetaient la plupart de leurs chevaux dans le Oldenbourg et le Holstein; si l'on acceptait de temps en temps des chevaux du pays, il fallait qu'ils portassent quelques caractères de race.

Une ordonnance royale de 1839 a prescrit que les achats de chevaux à l'étranger pour la remonte de la cavalerie hanovrienne cesseraient immédiatement et qu'elles se feraient dans le pays. Dix primes de 25 thalers (100 fr.) chacune, sont distribuées tous les ans aux éleveurs qui ont produit le plus grand nombre de chevaux à la remonte.

Les réformes ont lieu après les manœuvres du printemps, et sont basées sur les ressources de l'année ; les remplacements ont lieu en automne, à la Saint-Michel ; mais les achats se font immédiatement après la monte. Les poulains restent six mois chez les éleveurs, qui s'engagent à les livrer sains et en bon état.

La commission de remonte est dans l'habitude de se rendre de village en village et d'un éleveur chez l'autre ; les poulains, au moment de l'achat, ont trois ans, ils ont six mois de plus à leur entrée dans les corps. Le motif qui porte la commission à opérer de cette manière est le désir d'avoir le premier choix sur les marchands, et pour éviter d'acheter des pouliches pleines ; de plus, elle a reconnu que les éleveurs nourrissaient et entretenaient parfaitement les sujets qu'ils devaient livrer. La commission a encore l'avantage de voir les mères poulinières, les frères et les sœurs des sujets achetés, et de s'assurer de la qualité des produits des années suivantes. Ce genre de transaction convient parfaitement aux éleveurs.

Le tarif de la remonte date de 1833 ; il est fixé à 116 thalers (464 fr.) pour les chevaux de grosse cavalerie, et 100 thalers (400 fr.) pour la cavalerie légère. Le prix des chevaux de remonte est pour ainsi dire le régulateur de celui des jeunes chevaux de la meilleure origine.

Afin d'assurer et de faciliter le service de la remonte, on a établi dans les principaux districts un membre correspondant de la commission ; il visite tous les chevaux de la localité quelque temps avant les achats, et veille plus tard à l'entretien des chevaux achetés. Ceci démontre d'une manière évidente que toutes les fois qu'une commission de remonte étrangère se rendra en Hanovre, elle devra se mettre en rapport avec les courtiers des différentes localités, car sans cette mesure elle s'exposerait à ne pas réussir.

Les chevaux de remonte, qui en réalité ne sont que des poulains de trois ans et demi, arrivent dans les régiments en automne ; ils sont soignés et montés par d'anciens cavaliers, qui ont pour ces jeunes sujets, très-disposés aux maladies, les plus grands soins; ils les montent tous les jours et leur font faire 2 ou 3 lieues au pas.

Nous devons dire aussi que la commission de remonte achète quelquefois un certain nombre de chevaux de cinq à six ans; ce sont pour la plupart des juments considérées comme stériles, ou des chevaux hongres un peu fatigués par les travaux du labourage; ils se trouvent dans les pays de Calemberg et de Hildesheim. Les hommes du métier disent que les jeunes chevaux bien traités jusqu'à l'âge de cinq ans leur sont infiniment supérieurs en qualité et en durée.

Ce qui nous a beaucoup surpris dans un pays aussi avancé au sujet de l'éducation du cheval, c'est la ration des chevaux de troupe, qui est la même pour les chevaux de grosse cavalerie que pour ceux de cavalerie légère: 4 kilogrammes d'avoine, 5 kilogrammes de foin et 2 kilogrammes 1/2 de paille. On fait boire trois fois par jour et dans l'écurie.

Dans quelques contrées du Hanovre, surtout du côté de Hildesheim, on travaille la dent des poulains et des chevaux, soit pour vieillir les poulains, ou pour faire paraître les chevaux plus jeunes. Dans d'autres localités, il est à remarquer que les pinces et les mitoyennes rasent plus vite que cela n'a lieu ordinairement. Cela tient à l'effet des graines que mangent les chevaux et à la nature des mangeoires, qui presque toutes sont en pierres dures. L'inspection des coins indique bientôt l'âge véritable du poulain ou du cheval. Les marchands qui parcourent le Hanovre sont tellement pénétrés de cette vérité, qu'il leur suffit d'examiner les coins pour préciser l'âge de chaque cheval.

Lorsqu'un marchand étranger se présente dans leurs écuries pour y acheter un ou plusieurs convois de chevaux, ils sont dans l'habitude, après un accueil très-amical, de ne montrer que leurs chevaux médiocres. Si l'infériorité de qualité des chevaux le porte à déclarer qu'il va chercher ailleurs, ils le conduisent alors dans d'autres écuries où se trouvent des chevaux d'un meilleur choix. De l'aveu des marchands eux-mêmes, tous cherchent à tromper les acheteurs; c'est le droit du commerce, disent-ils. Il faut, par conséquent, user d'une extrême prudence, bien examiner, bien voir, bien stipuler, tout en affectant la plus grande confiance.

Vis-à-vis des remontes étrangères, ces marchands usent de tous les moyens connus pour faire passer des chevaux tarés ou déjà refusés. Ainsi, pour l'éparvin calleux, ils font développer un simple engorgement autour de cette tumeur osseuse, à l'aide de nombreuses piqûres faites avec un faisceau d'aiguilles à coudre. Pour faire disparaître l'action du tic, ils cautérisent le dessus du bout de langue, et enfoncent de petits coins de bois, à l'aide d'un marteau, entre les deux pinces supérieures, en procédant de dedans en dehors; l'animal reste douze ou quinze jours sans se livrer à sa vicieuse habitude : ils nomment cette opération le coignage. Lorsque les pieds sont cerclés, ils râpent toute la paroi et l'enduisent de corps gras; les talons bas sont masqués à l'aide de hauts crampons, etc. Pour les chevaux refusés, ils les font émigrer pendant plusieurs jours; la queue parée, le nictage, la queue sur le rein, sont autant de ruses employées pour les faire accepter, etc.

Les cas rédhibitoires dans le royaume de Hanovre sont : la morve, considérée comme éminemment contagieuse; la fluxion périodique, l'immobilité et le cornage.

Les cas judiciaires en matière de commerce de chevaux durent souvent un an, et nécessitent de si grands frais, que vendeur et acheteur, à moins qu'ils ne soient très-riches, se ruinent presque toujours; aussi ces sortes d'actions sont-elles infiniment rares. En pareil cas, le plus court dans une foire est de conduire le vendeur devant le chef de la police de la localité, et là, de l'obliger à rétracter son marché, à reprendre son cheval et à en rendre le prix qu'il a reçu.

Tout vétérinaire qui rencontre un cheval atteint de morve, a le droit de l'arrêter et de le mettre en fourrière; il en prévient les autorités, qui en ordonnent immédiatement l'abattage.

Tous les marchands un peu riches du Hanovre ont chacun un manége voisin de leurs écuries; ils dressent ou font dresser leurs chevaux avant de les mettre en vente.

Plutôt pour sacrifier à la mode que dans le but d'exciter l'émulation parmi les éleveurs des chevaux de luxe et de pur sang, le Hanovre a institué quelques courses; le principal hippodrome est celui de Hanovre. Le meilleur stimulant, celui qui a un effet direct et puissant sur les éleveurs de toutes les classes et sur la masse entière, est l'extension donnée dans les nombreux débouchés pour l'exportation des chevaux de toutes les espèces; c'est vers ce but que tendent les efforts du chef de l'État; aussi le Hanovre est, sous ce rapport, un des plus heureusement partagés et des plus favorisés des pays du Nord.

La cavalerie est cantonnée dans les villages. Ces cantonnements sont établis par district; les officiers occupent les points centraux. La capacité hippique de ces officiers a été constatée avant leur placement dans ces cantonnements, afin que, par leurs conseils et par leurs lumières, ils soient en position d'exercer sur les éleveurs une influence salutaire, et contribuer ainsi à l'effet déjà produit par les officiers des haras et par ceux qui composent la commission permanente des remontes. Les cavaliers et leurs chevaux sont logés par deux, par trois ou par quatre chez les cultivateurs.

Les chevaux de troupe sont nourris à la paille, au foin et à l'avoine; le logement, la paille et le foin sont fournis par les cultivateurs en échange du fumier; l'avoine seule est payée de 40 à 50 centimes par ration. Tout cavalier fils de cultivateur qui obtient la permission d'aller voir sa famille, emmène avec lui son cheval, eût-il à traverser le royaume d'un bout à l'autre. Pendant la route, pas un seul de ces cavaliers n'abuse du cheval qui lui est confié; les soins les plus constants et les plus minutieux lui sont prodigués, comme si ce précieux dépôt était chose sacrée pour eux. Arrivé chez ses parents, le cavalier permissionnaire est placé sous la surveillance du commandant du district; il se présente immédiatement avec son cheval à cet officier, et se trouve soumis à ses inspections tous les huit ou quinze jours; il va prendre congé de lui avant son départ.

Le dépôt de chacun de ces corps de cavalerie occupe l'une des villes principales du royaume; on y forme l'éducation des recrues et des jeunes chevaux de remonte. Les hommes et les chevaux ne sont placés dans les cantonnements que lorsque leur éducation militaire est complète. Les chefs de cantonnements réunissent à des jours fixes les cavaliers pour les exercer; on donne beaucoup au travail individuel.

Les puissances qui avoisinent le Hanovre envoient annuellement dans ce royaume des commissions de remonte, pour y acheter des chevaux de troupe et d'officiers. On a eu lieu de remarquer souvent que la commission italienne s'attachait beaucoup plus au brillant qu'à la régularité des formes et à l'énergie. Elle n'attache qu'une faible importance à l'intégrité des membres ; il suffit pour elle qu'ils ne boitent pas.

L'organisation hippique du royaume de Hanovre présente un ensemble remarquable ; le roi donne une impulsion à tout ce qui se rattache aux services que peut rendre le cheval. Ainsi, tous les employés de sa maison, ceux des haras, des postes aux chevaux, sont sortis de la cavalerie ou de l'administration des haras ; ils ont tous fait preuve de capacité avant d'avoir obtenu l'emploi qui leur a été déféré. De là résulte l'unité d'action et les résultats qu'obtient le gouvernement hanovrien. Ses races chevalines sont bonnes et tendent de jour en jour à devenir meilleures ; la cavalerie est bonne, bien montée, bien conservée, puisque l'État emploie les moyens les plus certains pour obtenir le premier choix sur la plus grande partie des poulains qui naissent chaque année. Les pertes par suite de réformes ou de mortalités n'excèdent jamais les ressources que les remontes ont déjà assurées.

En résumant les détails donnés sur le Hanovre, on peut, sans exagérer, affirmer qu'il sort annuellement de ce royaume plus de 8000 poulains et chevaux. On enlève chaque année :

De la vallée de l'Ems	400	chevaux.
— — du Weser.	8,000	—
— — de l'Elbe	2,550	—
Total . . .	10,950	—

En 1841, les remontes étrangères ont exporté du Hanovre environ 4000 à 5000 chevaux.

La France.	1,100	chevaux.
La Hollande.	600	—
La Belgique	1,000	—
La Saxe	500	—
La Bavière	400	—
L'Italie.	700	—
Total	4,300	—

Les points du Hanovre où les remontes étrangères peuvent opérer plus facilement et avantageusement les achats, sont :

A Oldenbourg et à Jèvre, pour les cuirassiers et quelques dragons ;
A Stade et à Lunebourg, pour l'arme de dragons et de cavalerie légère ;
A Verden, pour les lanciers et la cavalerie légère;
A Fahrenwald, près de Hanovrer toutes les armes, etc.

Danemark.

La péninsule danoise forme la ligne de démarcation des eaux de l'Elbe et de l'Oder, entre la mer du Nord et la mer Baltique.

Le sol est bas, marécageux, semé de lacs et de petites rivières ; la ligne de partage des eaux est insensible. Les côtes du Danemark sont très-découpées et à peine protégées du côté de l'ouest des envahissements de la mer du Nord par des digues, des travaux artificiels. Le climat est doux et humide dans la partie méridionale ; il est plus rude dans la partie septentrionale.

La péninsule danoise se divise en Holstein, Schleswig, Jutland et les îles situées dans la Baltique ; le Holstein, au sud, partie la plus fertile ; le Schleswig, au centre, partie la plus étroite de la presqu'île ; le Jutland, au nord, partie la plus froide et la plus aquatique. Les îles sont celles d'Alsen, à la hauteur du milieu du Schleswig ; celle de Fionie ou de Fünen, séparée du Schleswig par le petit Bel ; celle de Séeland est séparée de la précédente par le grand Bel, et de la Scandinavie par le Cattegat ; enfin, un grand nombre d'îles de peu d'importance sont situées au sud de celle-ci. Les principales sont celles de Daroé, de Laaland, Falster et de Funern.

Les habitants du Danemark ont les mœurs et les habitudes germaniques ; ils sont probes, doux, honnêtes, et passionnés pour le cheval. L'agriculture est la principale industrie du royaume.

Les parties du Danemark les mieux cultivées se trouvent le long des côtes de la mer du Nord et de la Baltique, mais particulièrement dans les parties appelées Marche du Holstein, et le pays de Renders en Jutland.

On élève en Danemark, dans la péninsule et dans plusieurs de ses îles, une quantité très-considérable de chevaux et de bêtes bovines. Cette industrie est l'objet d'un commerce fort étendu.

De temps immémorial le Danemark possédait des races chevalines fort renommées. La température douce et humide du climat, la disposition du sol, favorable à l'agriculture et plus particulièrement aux pâturages, avaient contribué depuis fort longtemps à la conservation des races danoises. L'introduction du sang anglais a modifié depuis vingt ans le caractère de race des excellents chevaux du Holstein et du Schleswig. Le Jutland seul a conservé à ses chevaux leurs caractères primitifs.

Les plus anciennes races chevalines danoises, d'après le dire des hommes spéciaux du pays, tirent leur origine du nord de l'Europe; elles présentent dans certaines contrées des caractères d'analogie avec la race cosaque; le sang oriental et espagnol étant venu plus tard se mêler à cette race, en a modifié les formes.

Jadis les plus riches propriétaires du Danemark entretenaient de nombreux haras; le nombre en est bien diminué aujourd'hui; les deux principaux sont le haras royal de Friederichsberg, dans l'île de Séeland, et celui d'Augustenbourg dans l'île d'Alsen, au duc Chrétien-Auguste, duc de Schleswig-Holstein-Sonderbourg-Augustenbourg.

La rivalité qui s'était élevée entre les grands propriétaires éleveurs, ayant contribué à faire plutôt dégénérer qu'à améliorer les races chevalines, le gouvernement, par mesure de sagesse, ordonna, il y a quelques années, l'approbation des étalons particuliers et des poulinières qui devaient contribuer à l'amélioration des races. Aujourd'hui, les éleveurs sont encouragés par l'exemple que donne le duc d'Augustenbourg, par des courses, et par des primes accordées aux produits qui ont le plus de distinction. C'est surtout dans le Jutland que s'exerce depuis quelques années l'action de la commission, nommée par le gouvernement, pour atteindre le but qu'il se propose. Des étalons du haras royal sont placés dans les stations les plus importantes de cette contrée. Le prix de la monte est très-modéré, et le même que celui fixé par les possesseurs des étalons approuvés.

Dans la péninsule danoise comme dans le Hanovre, on attache un grand prix aux juments susceptibles de faire de bonnes poulinières, elles portent tous les ans. On commence à les livrer à la reproduction seulement à quatre ans faits, jamais avant cet âge accompli. Suivant les contrées, et surtout d'après leur développement, on castre les poulains mâles à un an, dix-huit mois ou deux ans au plus tard.

Les étalons approuvés ont généralement moins de distinction que ceux du haras royal et des haras d'Augustenbourg, ils sont cependant forts et vigoureux. Comme on le voit, le gouvernement n'a pas, comme en Hanovre, le monopole de l'industrie chevaline.

Il y a huit ans environ, que la maison Olde, du Holstein, voulant concourir avec le gouvernement aux progrès de l'amélioration des races, avait acheté seize beaux étalons de sang anglais pour les placer dans certaines contrées du Holstein et du Jutland; mais la jalousie de la part de certains éleveurs ayant suscité mille désagréments à cette maison, elle fut obligée de renoncer à ce projet et de vendre ses étalons.

On estime que le Danemark produit annuellement quarante mille poulains, dont douze mille sont exportés; les vingt-huit mille poulains qui restent sont élevés et vendus de leur troisième à leur cinquième année. En supposant le maximum des pertes au chiffre de huit mille par an, le Danemark peut donc livrer de dix-huit à vingt mille chevaux au commerce.

Une erreur assez généralement répandue, est qu'il existe en Holstein beaucoup de chevaux affectés du cornage; cependant, l'expérience prouve qu'il y en a à peine huit sur cent parmi les carrossiers, et quatre sur ceux de moyenne taille. On attribue ce vice au mode d'alimentation mis en usage pour les engraisser, moyen qui, par l'usage d'une nourriture trop substantielle, provoque rapidement l'embonpoint. Depuis l'introduction du sang anglais en Danemark et la rareté des chevaux à tête excessivement busquée, on a eu lieu d'observer qu'il y a moins de chevaux corneurs. On remarque que les chevaux danois, comme ceux de la Normandie, sortant des pâturages, sont exposés par l'effet du changement de régime, surtout lorsqu'on les met en route, à des accès de gourme plus ou moins intenses.

Il n'est pas rare de voir les chevaux de Jutland, des îles de Fionie et de Séeland être affectés d'éparvins calleux, être crochus, panards, tiqueurs ou affectés d'immobilité. Les maladies d'yeux sont rares.

Les commissions de remontes étrangères et les marchands qui vont explorer le Danemark, sont dans l'habitude de se faire annoncer au prône dans les églises, de faire placer des affiches dans les cabarets des villages, et de placer des placards dans les endroits les plus fréquentés; les paysans, ainsi prévenus, viennent en foule prés senter des masses de chevaux, parmi lesquels, comme dans tous les pays, il y en a une grande quantité de qualité très-inférieure.

Le marchand et la commission de remonte qui arrivent à la fin des travaux ou à l'époque des foires, peuvent faire un bon choix; les époques des foires surtout offrent plus de facilité pour les opérations des remontes qui sont dans l'obligation de diriger les convois sur Hambourg.

Il existe beaucoup d'analogie entre le Danemark et le Hanovre pour l'elève et le commerce des chevaux; la nature des pâturages est à peu près la même, et une grande partie des marchands qui explorent le Hanovre parcourent aussi le Danemark

La condition d'état pour la mise en vente, chez les chevaux danois, est plus favorable en hiver qu'en été : dans le premier cas, les chevaux sont soumis au régime sec, à l'écurie, où ils sont nourris au foin et au grain; en été, au contraire, ils sont soumis au régime du vert, leur embonpoint est moins durable, leur énergie moins grande; et, exposés à la réaction humorale qui paraît être la conséquence du passage du régime vert au régime sec, les marchands qui se rendent dans ces contrées ne font, par ce motif, qu'un seul voyage en été, tandis qu'ils en font deux en hiver.

Le cheval danois est ordinairement employé aux travaux agricoles dès l'âge de deux ans et demi à trois ans; il n'est jamais monté avant quatre ou cinq ans; on le traite avec beaucoup de ménagement et de douceur; ils sont d'abord attelés avec de vieux chevaux, pour commencer leur éducation. Les voitures, les chariots sont attelés de deux ou de quatre chevaux, ordinairement d'âges différents; les fardeaux à transporter sont proportionnés à la force des attelages; les conducteurs marchent rarement à pied; les chevaux porteurs, en outre qu'ils sont harnachés, sont garnis, en guise de selle, de panneaux rembourés, ayant ou non des étriers; ce porteur alterne dans l'attelage avec les autres chevaux. Cette coutume explique pourquoi les chevaux danois, ou du moins beaucoup d'entre eux, dès l'âge de quatre ans, sont à la fois dressés au trait et à la selle. Jamais ces chevaux ne galopent; les conducteurs font rarement usage de châtiments, aussi il est à propos de dire que les actions de l'homme sur cet animal exerce une très-salutaire influence.

Comme dans tout le nord de l'Europe, les Danois administrent à leurs chevaux beaucoup de paille hachée mêlée à l'avoine; malgré la petite quantité de grains que mange le cheval de Danemark, il conserve, à cause de sa nature et de son origine, beaucoup d'énergie. L'avoine est remplacée souvent par d'autres graines dont l'action est cependant moins tonifiante.

L'émigration du cheval danois paraît favorable à son existence, surtout quand il passe du Nord dans des contrées plus tempérées ; au contraire de ce que l'on remarque pour les chevaux originaires des pays méridionaux qu'on importe dans les contrées du Nord. On a eu lieu de remarquer cependant que les chevaux danois importés en Italie, en prenant de l'embonpoint, devenaient court d'haleine : résultats causés par la température et par une alimentation aussi abondante que substantielle. Les marchands du midi de la France, ayant observé des résultats analogues, réduisent progressivement d'un tiers la ration de l'avoine qu'ils leur administrent pendant la route.

Le naturel du cheval danois est doux et docile; grâce à l'éducation qu'il reçoit, il n'est pas rare de voir des convois composés de douze à quinze chevaux conduits par un seul palefrenier.

Les principaux marchands de chevaux, dans le Danemark, sont :

MM. Olde, frères, à Altona, près Hambourg.
Wulff, à Itzehœé, en Holstein.
Hembro, à Ospach, en Holstein.
Scharmer, à Horst, dans le Jutland.
Skjœn, à Copenhague, dans le Séeland.
Forman, à Roeskilde, dans le Séeland.
Horms et Kluwch, dans le Séeland.
Achsbas, à Stenbourh, en Holstein.
Jepp, à Luijenbourg, en Holstein.

Il y a une douzaine d'années encore, qu'on ne reconnaissait pas en Danemark de cas rédhibitoires. Aujourd'hui, il y a même quelques contrées qui les admettent avec difficulté, malgré la loi qui a été rendue par le gouvernement. Acheter, livrer et payer, constituait l'action commerciale en matière de chevaux; malheur à l'acheteur qui s'adressait à un vendeur de mauvaise foi. Il en résultait de grands abus; pour les faire cesser, la loi reconnaît aujourd'hui comme donnant lieu à l'action rédhibitoire : la pousse, le tic sans usure des dents, l'immobilité, le cornage et la morve. Si le cheval livré est affecté de l'un de ces vices, il ne s'agit plus que de retrouver le vendeur, de prendre un témoin de l'achat et un vétérinaire de la localité; le vendeur, de son côté, est dans l'obligation de choisir un expert. S'il y a unanimité dans cet arbitrage, fait au moment et sur les lieux, le vendeur reprend le cheval et rend le prix qu'il a reçu ; dans le cas contraire, l'affaire va au tribunal, traîne en longueur et les deux parties ont à supporter des frais énormes.

Il y a sur chaque marché de chevaux ou foire de chevaux un mé-
ecin vétérinaire désigné par l'autorité locale, il a le droit d'arrêter
faire conduire en fourrière tout cheval suspecté de maladie con-
euse. Tout vétérinaire danois qui rencontre un cheval affecté de
ve, soit sur une route, soit dans un marché ou une foire, a le
t de l'abattre sur-le-champ, sans que le propriétaire ait celui
'y opposer et de prétendre à une indemnité. S'il croit que son
al n'était pas morveux, il fait appeler deux vétérinaires : si
-ci reconnaissent que le cheval n'était pas affecté de morve, le
inaire qui a ordonné, ou donné la mort au cheval, en rembourse
rix au propriétaire. Aussi la morve et le farcin, grâce à cette me-
e sévère, sont très-rares en Danemark.

Les territoires des villes libres de Lübeck et de Hambourg ne
oduisent pas de chevaux ; tout ceux qu'on y voit viennent du Da-
emark, du Hanovre, du Mecklenbourg ou d'Angleterre. La ville de
Hambourg n'a d'importance sous le rapport hippique que comme point central du commerce.

Hambourg, malgré les malheurs qui l'ont frappé l'année 1842, est l'une des villes les plus riches et les plus commerçantes de l'Europe, et est située sur la rive gauche de l'Elbe, en face de Haarbourg ; plusieurs îles basses et fertiles occupent le milieu du fleuve entre ces deux villes. Depuis la destruction du pont qui en établissait les communications, la traversée a lieu à l'aide de bateaux à vapeur et dure trois quarts d'heure. Citée de richesses et de luxe, Hambourg occupe le centre des pays de l'Europe où l'on élève le plus de beaux chevaux.

Les chevaux utilisés dans cette ville sont médiocres, tarés, presque tous ruinés sur leurs membres. On y voit généralement peu d'attelages de chevaux de luxe. La maison Olde, qui en fait un commerce spécial, n'y vend pas soixante paires de chevaux par an.

Il débarque, à Hambourg, chaque année pour l'Allemagne, environ six cents étalons, juments et poulains de sang, venant d'Angleterre; la plupart sont destinés à l'amérioration des races du nord de l'Europe; un petit nombre est destiné au luxe.

Il y a dans cette ville deux foires de chevaux : l'une au commencement de janvier, l'autre à la fin du mois d'août. On y voit environ deux mille chevaux de races et de qualités variées. Une autre foire, presque aussi forte, a lieu aux environs de Bergedorf, le 10 mars.

Sur la direction à suivre pour se rendre dans le Jutland, la commission de remonte pour la France, envoyée en 1841, choisit Hambourg pour le centre de ses opérations. L'idiome danois, les coutumes des pays pour le commerce des chevaux, étant ignorés des membres de la commission, ils furent obligés, avant d'opérer, de s'entourer de renseignements, d'étudier la nature des différentes races, et la législature en matière hippique. Les documents recueillis auprès de personnes notables du pays leur facilitèrent bientôt l'acquisition d'un grand nombre de bons chevaux. M. Bèle, ministre chargé d'affaires du roi de Danemark, M. de Bardenfleth, écuyer de Sa Majesté Danoise, M. Dunck, capitaine de dragons à Altona, M. Chapeau-Rouge, banquier à Hambourg, et MM. Olde s'empressèrent de leur fournir les moyens de procéder à l'achat des chevaux de remonte pour la France.

Les uns firent connaître les caractères distinctifs des différentes races qu'on trouve dans le Holstein, le Schleswig, le Jutland et les îles danoises, les lieux des principales foires, les moyens les plus directes, les plus faciles et les plus économiques de faire voyager vers les frontières de France les détachements de remontes à envoyer; les autres nous apprirent les modes de transactions commerciales et les lois du Danemark.

La commission put conclure alors que, pour bien opérer à Hambourg, il était nécessaire d'établir une concurrence entre les marchands chargés de présenter les chevaux à acheter; il faudrait être sur les lieux le 15 novembre pour commencer le 1er décembre. Les opérations peuvent être continuées jusqu'à la fin de mars. Cette période de temps constitue la saison d'hiver; celle d'été commence vers le 20 juin et termine à la fin d'août. Ces époques sont celles où les chevaux sont en état, parce qu'ils ne sont pas employés aux travaux de culture. Toutefois, on doit faire observer qu'il est plus avantageux de choisir la saison d'hiver, pour les motifs déjà expliqués.

Du 15 novembre au mois d'avril, la commission de remonte peut acheter sans précipitation, et en choissant bien, environ douze à dix-huit cents chevaux, savoir : cuirassiers, trois cents ; dragons, cinq cents ; lanciers, deux cents ; chasseurs et hussards, huit cents.

Ces chevaux peuvent être dirigés vers l'un des ports de France et voyager par eau ou suivre, par terre, les itinéraires qui devraient les faire parvenir sur tel point indiqué des frontières du nord de la France ; dans ce dernier cas, ils traversent l'Elbe et le Hanovre.

Les chevaux embarqués à Hambourg pour débarquer à Haarbourg, passent d'un pont à bascule sur un véloce, sur le pont duquel ils sont attachés à une forte barre par vingt-cinq ; il en coûte six bon gros ou un franc par cheval : il faut avoir le soin de prevenir l'administration la veille. Lorsque le temps est favorable, la traversée exige une heure environ. On remarque par les temps de pluie et de froid, que le poil des chevaux se pique pendant la traversée, et qu'ils sont en proie pendant une heure ou deux à une fièvre de réaction. Il y a complication plus ou moins grave, dans le cas où le flux nasal et les phlegmasies des voies respiratoires existent.

Holstein. — Le duché de Holstein comprend : la Marche à l'ouest, la partie est, et le centre.

La Marche du Holstein, large de 2 à 3 myriamètres, s'étend sur la rive droite de l'Elbe et sur les côtes de la mer du Nord, depuis le territoire de Hambourg jusqu'à la frontière sud-ouest de Schleswig. L'Elbe et la mer, par leurs alluvions, ont fertilisé le sol que protégent les dunes et les digues. Par ses productions agricoles et par l'élève des bêtes bovines et chevalines, la Marche est la plus riche contrée du Danemark. La Stor, dont l'embouchure est peu éloignée de celle de l Elbe, traverse la Marche du Holstein vers son milieu ; ce fleuve coule du nord-ouest vers le sud-est.

La Marche du Holstein étant principalement formée de vastes, de riches et précieux pâturages, est, comme toutes les parties basses de te territoire, coupée de fossés larges et profonds, pleins d'eau, qui divisent le sol en carrés de la contenance d'un à deux journaux chacun. Pour passer d'un de ces parquets dans les autres, on franchit les fossés à l'aide de grandes perches. Dans ces immenses prairies fourmillent des milliers de chevaux et de bêtes bovines. On y rencontre peu de chevaux de luxe, premier choix, mais une infinité de beaux carrossiers et quelques chevaux propres à l'arme de cuirassiers.

Chaque commune, depuis Eidelstedt, aux environs d'Altona, jusqu'à Lemden, près de l'embouchure de l'Eyder, possède de vastes pâturages communaux portant le nom de la commune dont ils dépendent. On y place pendant neuf mois de l'année un grand nombre de chevaux et de bêtes bovines; quelques propriétaires ne les font jamais rentrer dans les écuries ou dans les étables, et ne les rentrent que pour les vendre.

On commence à employer les poulains aux travaux agricoles dès l'âge de deux ans et demi à trois ans; ils réussissent presque tous et deviennent bons chevaux. On évite de reunir un trop grand nombre de chevaux dans les parquets, par la raison qu'on a remarqué qu'ils sont disposés à jouer ensemble et à manger peu. On place toujours des bêtes bovines au milieu de ces troupeaux de chevaux, autant pour utiliser les plantes qu'ils dédaignent, que pour réparer le tort qu'ils font aux prairies par leur piétinement. La proportion observée dans le nombre des uns et des autres est d'un cheval pour six bœufs.

Dans beaucoup de localités de la Marche du Holstein comme dans la Marche du Oldenbourg et dans la Normandie, les éleveurs préparent leurs chevaux à la vente en les gorgeant de nourriture substantielle, et surtout de grains : c'est ainsi qu'ils leur prodiguent, suivant l'état de ces chevaux, le foin, la luzerne, le trèfle, le sainfoin, l'avoine, le seigle, les fèves, etc., et qu'ils les privent à la fois, d'air libre, de lumière et d'exercice. Ils placent même des bêtes bovines dans ces écuries pour en élever la température. De maigres qu'ils étaient souvent, ces chevaux deviennent excessivement gras dans l'espace de trente à quarante jours; ils sont, comme il est facile de le voir, toujours exposés à des réactions vitales souvent très-graves, lorsqu'on les sort d'un tel régime; aussi il est très-prudent de les saigner après l'achat, afin qu'ils se ressentent le moins possible du régime destructeur auquel ils ont été soumis.

On ne sait comment expliquer un fait remarqué par tous les éleveurs de la Marche du Holstein : Si parmi les poulains de deux à trois ans, à élever à l'écurie, il y en a qui grandisent trop vite, les éleveurs les laissent dans les pâturages pour ralentir l'effet de cette croissance ; si, au contraire, les poulains tendent à devenir difformes et ne grandissent pas assez, ils les laissent également aux pâturages. Les mêmes causes peuvent-elles produire des effets contraires ? Nous ne le pensons pas ; c'est une observation qui a besoin d'être étudiée sur les lieux.

C'est de la Marche du Holstein que sont originaires la plupart des beaux carrossiers de luxe danois importés en France. La Prusse, la Hollande et beaucoup d'autres pays vont puiser à cette source ; le roi des Belges, en 1841, y a fait acheter vingt-six beaux chevaux bai-brun pour ses attelages.

La race des chevaux du Holstein a les formes belles, quoiqu'un peu massives, ce qui tient surtout à la nature des pâturages où ils sont élevés et nourris ; on a remarqué cependant que le mélange du sang anglais leur donne plus ou moins de distinction. Ainsi ceux qu'on élève dans les pâturages les plus secs, et que l'on rentre à l'écurie pendant les temps pluvieux, sont moins empâtés, plus légers et moins mous que ceux abandonnés toute l'année dans les pâturages gras. En Holstein, on est dans l'habitude de désigner un cheval mou par l'expression : *ein Rübenpferd* (un cheval de navets), à cause de la nature de son tempérament lympathique, acquis par l'effet d'une nourriture beaucoup trop aqueuse. En général, on leur reproche d'avoir l'encolure un peu courte, la cuisse trop longue et pas assez musculeuse. Ceux qu'on élève dans la partie septentrionale de la Marche, ont une expression de tête toute particulière ; l'œil est grand et saillant, le front large, les sus-naseaux un peu déprimés, avec une légère gouttière, la ganache un peu forte, la poitrine ouverte, ronde et haute ; quelquefois serrée cependant : alors ils manquent d'aplomb dans leur devant, ils sont sur les boulets, résultat de l'influence du sol, et d'un système de ferrure vicieux ; du reste, de bonnes allures.

Beaucoup de chevaux danois et hanovriens, importés en France, sont vendus par les marchands, sous le nom de chevaux mecklenbourgeois; mais il suffit d'avoir vu un attelage de ces derniers, pour les distinguer de toutes les autres races.

Les contrées de l'est du Holstein, de Oldenslohe, Kiel, par Segeberg, Ahrensbock et Ploen, ont des pâturages beaucoup moins abondants; on estime cependant qu'il naît dans cette contrée de 800 à 1000 poulains. Les chevaux de l'est du Holstein, quoique bons et moins grands que ceux de la Marche, sont loin de jouir d'une aussi brillante réputation.

Le centre de Holstein, étant peu fertile, est la partie du duché où l'on élève le moins de chevaux; en somme, le Holstein produit environ 3000 poulains par an, dont le tiers est exporté avant d'avoir atteint l'âge de quinze à vingt mois.

Les foires principales qui se tiennent dans les différentes parties du Holstein sont à Hambourg, 15 et 16 janvier, 28 et 29 août; Altona, près Hambourg, 18 avril; Schenefeld, le 11 octobre; Pruneberg, le 15 mars; Crempe, le 6 janvier; Wildter, le 4 janvier; Itzehoe, le 28 février et le 1er septembre; Keldinghusen, le 24 février; Meldorf, le 11 mars; Heide, le mercredi avant le carnaval; Eunden, le 4 avril, le 9 octobre; Henstedt, le 17 avril, le 28 août et le 6 décembre; Wandsbeck, à Pâques, le 30 mai; Tristau, le 8 mai; Oldesloh, le 18 mars; Segeberg, le 13 janvier; Rensberg, le 10 janvier, le 20 février et le 24 juin;

Des marchés fréquents ont lieu à Glückstadt, à Ahrensboek, Neustadt, Eutin et Kiel.

A Eutin et dans les environs de Neustadt, où l'on nourrit fortement les chevaux, à l'aide de graines (avoine, froment, seigle, pois, fèves, etc.), on en voit beaucoup qui sont affectés d'immobilité. Les éleveurs sont dans l'habitude, lorsque les premiers symptômes de cette maladie commencent à paraître, de leur administrer des purgatifs drastiques. Cette médication incendiaire leur réussit rarement; aussi regardent-ils cette affection comme incurable.

On élève un quantité considérable de bêtes à cornes sur la partie est du Holstein; la plupart des fermes sont établies sur un plan très-grand; chacune de ces fermes présente, indépendamment des autres animaux, une réunion de 400 vaches; on y prépare une quantité très-considérable d'excellent beurre. Elles ont, en outre, de 20 à 30 chevaux, avec 2 poulains d'un an, 2 de deux ans; 2 de trois, et autant de quatre ans. Le régisseur de chaque ferme obtient du propriétaire la faveur de conserver pour son service personnel un ou deux poulains qu'il élève aux dépens de l'établissement: ce sont ordinairement des sujets distingués qu'il vend à son profit; leur prix est de 25 à 30 frédérics. Ces chevaux peuvent très-bien monter les officiers de ligne et de réserve.

Beaucoup de petits marchands, des courtiers et des éléveurs, se rendent à la foire de Kiel, qui a lieu en octobre; ils viennent de 10 à 15 lieues, et conduisent de 10 à 20 chevaux, parmi lesquels on peut faire de bons choix pour toutes les armes, surtout pour les lanciers, dragons et cuirasiers.

Schleswig. — Le duché de Schleswig, situé au nord du Holstein, et au sud du Jutland, se divise en West-Côte à l'ouest, terre franche à l'est, et en centre.

Sous le nom de West-Côte, sont désignées les contrées placées sur les côtes de la mer du Nord, occupant une largeur de 4 à 5 myriamètres environ; la West-Côte s'étend depuis Tonning, à l'embouchure de l'Eyder jusqu'à Riben, près des frontières du Jutland. Comme dans la Marche du Holstein, l'industrie des habitants lutte sans cesse contre les envahissements de la mer du Nord, afin d'embrasser dans une enceinte les îles et les portions de terrains fertiles qui avoisinent les côtes. Le flux de la mer dépose continuellemest sur le rivage des alluvions et des élémens de terre végétale qui contribuent peu à peu à élever, à étendre ces côtes et à les fertiliser. On élève dans la West-Côte un grand nombre de carrossiers de luxe, et quelques chevaux d'armes de 7 à 9 pouces, ainsi qu'un nombre considérable de bêtes bovines et de porcs; on y fait beaucoup de beurre: cette industrie constitue une branche considérable de commerce avec l'Angleterre et l'Amérique. On exporte annuellement pour le Mecklenbourg et ses environs 5 à 6,000 génisses de dix-huit mois à à deux ans et demi; on y voit en outre de nombreux troupeaux de bêtes à laine. La race du porc est forte, pèse 200 kilogr. et se vend de 120 à 130 fr. l'un.

La terre franche occupe, depuis Friederichstadt jusqu'à Kolding, une largeur de 4 à 5 myriamètres. Cette contrée est moins fertile que la West-Côte; l'espèce chevaline y est bonne, mais moins grande et moins nombreuse.

Le centre de Schleswig est une contrée de misère, très-peu cultivée et presque en entier couverte de landes et de bruyères; on remarque cependant que les parties qui avoisent le Holstein sont assez fertiles et produisent de bons chevaux.

Dans toutes les parties du Schleswig où l'on se livre à l'industrie chevaline, les chevaux sont fortement nourris au foin et aux grains : ce régime leur donne de très-bonne heure une énergie remarquable. Dans toutes les principales villes du Schleswig on rencontre des marchands et des courtiers qui facilitent les achats des commissions de remonte.

Les foires les plus renommées sont celles de Tonning, le 19 août; Friederichstadt, 22 et 23 juillet; Hutem, le 17 mars, le 17 et le 18 mai; Hollingstedt, le 20 août; Viœll, 16 avril, le 2 et le 8 septembre; Suderstapel, le 22 avril et le 6 octobre; Arnis, le 31 mai; Koppeln, le 21 février; Flusburg, le 20, le 27 et 28 février; Tondern, 15 avril, 15 mai, 5 août et le 6 septembre; Apenrade, le 5, le 16 et le 17 décembre; Hadersleben, le premier lundi du carême.

Il y a, en outre, des marchés de chevaux assez considérables, à Garding, Schleswig, Eckernford, Holdnes, Christianfeld et Kolding.

Jutland. — Le Jutland, au nord du Schleswig, est la partie septentrionale du Danemark; on le divise en partie de l'ouest, de l'est et du centre, ou le pays dit *Himmeland.*

Dans le Jutland, l'ancienne race danoise a généralement conservé la plus grande partie de ses caractères primitifs: l'influence du sang anglais s'y est moins fait sentir que dans le Schleswig et le Holstein.

Le cheval jutland a moins de formes et de distinction que dans les contrées méridionales du Danemark; mais dès l'âge de quatre à cinq ans il devient très-dur à la fatigue et peut faire un excellent service jusqu'à l'âge de quinze à seize ans; il se nourrit parfaitement; de plus, il est peu maladif.

Les éleveurs de Jutland donnent la préférence aux chevaux gros et forts; depuis longtemps ils ont une répugnance prononcée pour l'alliance avec le pur sang, par la raison qu'ils n'ont généralement jusqu'ici obtenu par ce mélange que des produits décousus, dont le placement est difficile. Il faudrait dans le Jutland des poulinières mieux choisies, ou des étalons mieux en rapport avec les juments de cette contrée du Danemark.

Dès leur très-jeune âge, les chevaux jutlandais mangent beaucoup de foin et de la paille hachée, mêlée à une petite quantité d'avoine. On élève plutôt à l'écurie qu'aux pâturages ; si ces chevaux ont peu de graisse, ils sont en revanche robustes et très-vigoureux. A proprement parler, il n'y a dans le Jutland qu'une seule race de chevaux, à charpente forte et bon cadre, à tête carrée, œil beau et bon d'expression, ganache empâtée, encolure courte, forte et peu gracieuse, bien corsés, côtes arrondies, reins courts, croupe arrondie, poitrail ouvert, épaules longnes, avant-bras bien musclé, genou rond, canon fort, boulets arrondis, pieds très-bons, mais quelquefois panards, cuisse bien musclée, jarrets étroits et droits, poils longs et foncés, puissance pulmonaire très-grande ; la taille des chevaux du Jutland est de 6 à 9 pouces ; propres à l'arme de dragons et de cavalerie légère.

Dans quelques parties du Jutland, surtout dans l'Himmeland et du côté de Hjœrring, il y a des chevaux qui, à l'âge de quatre ans, n'ont jamais mangé d'avoine. Pendant les hivers, qui sont toujours longs et durs, ils ne quittent point leurs écuries, qui sont basses, petites et très-peu aérées, sans litière ; et, au lieu de pavage, ce sont des madriers de bois de sapin, cause qui fait naître des caplets ; à peine les fait-on sortir pour les abreuver, aussi sont-ce des sujets médiocres.

Les couleurs des robes dominantes dans le Jutland, sont le noir et le bai-brun ; on rencontre quelques alezans, et très-rarement des chevaux gris.

Quand on les met aux pâturages, ces chevaux n'en sont retirés que lorsque la neige force à les rentrer ; ils y sont replacés dès qu'elle est fondue. Leur valeur, à l'âge de quatre ans, est de 200 fr.

La West-Côte du Jutland, ou partie de l'ouest, sur une largeur de 3 à 4 myriamètres, depuis Holstedt jusqu'à Skive par Grinsteddal et Halstebroe, n'est que la continuation de la West-Côte du Schleswig : quoique moins fertile et plus froide que cette dernière contrée, on y élève cependant beaucoup de chevaux.

Les habitants de la partie méridionale de la West-Côte du Jutland, depuis la frontière du Schleswig jusqu'à Tarum par Holstedwarde et Grinsteddal, élèvent beancoup plus de bêtes bovines que de chevaux; mais de Tarum à Blaavands, on en trouve une grande quantité, propre au service de la cavalerie. De Tarum à Skive par Rinkgjobing, Breiming et Holstebroe, le pays devenant plus fertile, le nombre de chevaux augmente aussi ; ils ont la taille de dragons ; on en trouve surtout beaucoup, qui sont propres au service de l'artillerie et du train.

Les habitants de la West-Côte sont généralement d'une malpropreté révoltante, rongés par la gale et la vermine ; on en voit un assez grand nombre affectés de la plique. Quoiqu'on élève des bêtes bovines dans cette contrée, on n'y trouve pas de beurre, on y récolte peu de légumes, on y mange rarement du pain et jamais de viande fraîche ; la principale nourriture de cette malheureuse population est le poisson salé et les pommes de terre.

Les habitants des côtes de la mer Baltique, dans le Jutland, sont incomparablement plus heureux ; cependant, ils ne sont pas tout à fait exempts de la malpropreté qui caractérise ceux de la West-Côte.

Sur une largeur qui varie de 3 à 10 myriamètres, depuis Kolding jusqu'à Randers, par Weille, Horsens, Skendonborg, et qui continue de Barum vers Sœbyerad, le pays est très-fertile, les pâturages riches et abondants : c'est ce que les marchands appellent le véritable Jutland ; on y élève des milliers de bêtes bovines et chevalines ; la plupart de ces chevaux sont de taille moyenne et propres à la cavalerie légère ; dans cette partie du Jutland s'est conservée presque entièrement pure la véritable race jutlandaise. Après la Marche du Holstein, les environs de Randers passent pour être les contrées les plus riches en chevaux de tout le Danemark. Près de cette ville, un curé et un vétérinaire ont une vogue extraordinaire pour la castration des poulains ; l'opération a lieu à testicule découvert.

Malgré la répugnance des éleveurs pour le sang anglais, 10 étalons de pur sang, approuvés par le gouvernement, sont placés dans les environs de Randers ponr y faire la monte. La commission de remonte pour la France en a acheté plusieurs beaux produits pour monter des officiers. Ces productions sont non-seulement distinguées, mais possèdent beaucoup d'énergie.

Les marchands qui parcourent le Jutland réunissent leurs chevaux à Randers et les dirigent par Kolding et Keil sur Hambourg. Ces routes sont mauvaises, mal entretenues, les auberges mal tenues et rares ; les chevaux couchent la plupart du temps sous des hangars, mangent leur fourrage à terre et leur avoine dans des paniers ou sur un morceau de couverture.

Le centre du Jutland, ou l'Himmeland, situé entre les deux zones qui avoisinent les côtes de la mer du Nord et de la mer Baltique, est la continuation des landes immenses qui occupent le centre de la péninsule danoise. Les habitants qu'on y rencontre çà et là, comme ceux de la West-Côte du Jutland, y sont en proie à toutes les maladies inséparables de l'extrême pauvreté du sol.

Parmi les îles, situées sur le bras de mer qui sépare la partie la plus septentrionale du Jutland, les plus riches en chevaux sont les îles de Saling, de Thisted, de Moste et de Thilland, qui sont assez fertiles et possèdent de bons pâturages. Les chevaux élevés dans ces îles sont de taille moyenne, communs, mais très-robustes ; on doit cependant en exepter l'île de Thilland qui, placée dans des conditions meilleures, élève d'excellents chevaux propres à la cavalerie légère. Ceux de l'île de Thisted conviennent à l'artillerie, ils sont doublés comme nos chevaux bretons. Dans le pays, ces chevaux sont payés de 200 à 300 fr.

L'extrémité nord du Jutland, ou le Hjœrring, est un pays de misère, de tourbières, de marais, dont le sol est froid, et où les pâturages sont rares. Les chevaux qu'on y élève sont médiocres, petits, mais deviennent assez bons quand on les importe dans des contrées plus fertiles et moins froides. Dans leur pays natal, ces chevaux sont maigres, faibles, ont toujours faim. Lorsqu'on les fait émigrer, il leur est impossible de faire plus de 20 à 25 kilomètres par jour. Pour ceux que l'on destine au commerce, on est dans l'habitude de les placer pendant six mois dans les pâturages des environs de Randers. Cette émigration progressive leur est salutaire. Beaucoup de ces poulains ont des balzanes haut chaussées et de larges lisses en tête.

Malgré la pénurie de nourriture dans le Hjœrring, les chevaux qui réussissent au bout de la quatrième année, hors du pays natal, offrent des qualités qui permettent d'en tirer un bon parti ; ils ont la tête belle, carrée, bien attachée et donnant bien au cavalier, ont un bon cadre, des membres forts, et quand ils sont formés, leur tempérament est excellent, leur vigueur très-grande. On ne les ferre jamais du derrière.

Le Jutland fait naître annuellement plus de 15,000 poulains ; les marchands étrangers viennent en exporter le tiers pour diverses contrées de l'Allemagne, particulièrement pour le Brunswick, la Prusse et la Saxe.

Les principales foires du Jutland se tiennent : A Weille, le 7 février et le 4 avril ; à Randers, le 10 décembre. De forts marchés sont établis à Holsted, Warde, Grinsteddal, Tarum, Breinzning, Holstebroe, Skive, Saling, Rykjœbing, Thisted, Kolding, Horsens, Skanderborg, Aaarhuus, Wiborg, Hobro, Lœgstor, Nibe, Aalborg et Hjœrring. Il existe à Randers et aux environs une foule de petits marchands et de courtiers de chevaux.

Ile d'Alsen. — L'île d'Alsen est la propriété particulière du duc d'Augustenbourg, qui à la suite d'un voyage hippique, qu'il fit en France et en Angleterre en 1819 et 1820, créa en 1821 le haras ducal d'Augustenbourg, considéré comme le plus bel établissement de ce genre qui existe en Europe.

Le premier but de ce prince fut d'élever pour son usage particulier des chevaux de luxe. Plus tard, l'extension donnée à son haras a puissamment contribué à améliorer les races de certaines contrées du Danemark, à diminuer l'antipathie des éleveurs danois pour le pur sang anglais, et à prouver que ce dernier pouvait s'acclimater dans le nord de l'Europe.

En 1821 il acheta les deux étalons anglais de pur sang, *Pottos* et *Haphazard*, plusieurs juments de pur sang, et 13 poulinières de demi-sang très-fortes ; en 1827 il acheta *King-Hérod*, étalon de pur sang né en Angleterre ; en 1828, *Logic* ; en 1829, *Goliath* ; en 1830, *Moses*, et depuis cette époque, plus de quarante nouveaux étalons, venus comme les premiers de l'Angleterre, tous parfaitement choisis, ainsi qu'un grand nombre de poulinières achetées à plusieurs reprises, et placées dans l'île d'Alsen, ont rendu le haras d'Augustenbourg le modèle des établissements de ce genre.

Pour la première fois en 1822, les poulinières appartenant aux éleveurs de l'île d'Alsen furent servies par les étalons du duc; leur nombre à cette époque était à peine de 60 à 80; aujourd'hui le nombre s'en élève à plus de 500. Il est, d'après cet aperçu, facile d'estimer la rapidité des progrès en amélioration qu'ont faits les éleveurs de cette localité, ainsi que ceux d'une partie du Holstein et du Schleswig, contrées dans lesquelles sont envoyés en station chaque année une partie des étalons d'Augustenbourg. La population chevaline de l'île d'Alsen a tellement augmenté, qu'elle a surpassé les prévisions de l'homme qui y a travaillé avec tout de persévérance.

En ce moment, le haras d'Augustenbourg est formé par 40 étalons de pur sang et de demi-sang d'une rare vigueur, 80 poulinières également de pur sang, et d'un grand nombre de poulains. Le chiffre des bêtes réunies dans cet établissement est de près de 400.

Les étalons de pur sang et de demi-sang sont employés à la monte tous les ans. Les poulains nés dans l'île ne peuvent être vendus que sous l'approbation du duc, qui se réserve le premier choix. L'île est assez peuplée; on y compte des fermes nombreuses et très-considérables: Le duc Chrétien-Auguste est à la fois fermier et marchand: homme simple dans ses manières, mais d'un esprit orné et élevé, il ne rougit pas de se mêler aux paysans, de fréquenter les foires et les marchés, à la manière des cultivateurs danois. Il dirige les éleveurs dans le choix des étalons et des juments, et dans l'élève des poulains.

Quelques-uns de ses fermiers ayant montré de la répugnance à subir la loi imposée par le duc, il commence à la modifier; il se propose d'accepter en 1843, pour la reproduction, toutes les juments qui n'auront pas été couvertes par les étalons étrangers au haras; 10 de ses étalons seront affectés à ce service gratuit; il choisira les produits, et les éleveurs en débattront le prix avec lui.

Les caractères de race de chevaux d'Alsen sont ceux de la race anglaise; la plupart de ces chevaux sont vendus comme provenant d'Angleterre. Chacun des fermiers dans l'île est dans l'habitude de placer les initiales de son nom sur la fesse gauche des chevaux ou poulains qui lui appartiennent. On élève dans chaque ferme de 8 à 15 poulains.

Le duc d'Augustenbourg fait courir sur les hippodromes du Danemark; pour l'entraînement de ses chevaux de course, un hippodrome de toute beauté est disposé sur les bords de la mer, non loin du haras.

Ile de Fünen ou *de Fionie.* — Située à l'est du Jutland et du Schleswig, l'île de Fünen présente un sol fertile, bien cultivé, avec d'excellents et très-riches pâturages. Les plaines du centre de l'île sont entourées vers les côtes par une chaîne de montagnes rocailleuses. On attribue à cette qualité du sol la cause de fatigue et d'usure prématurée des extrémités des chevaux elevés dans l'île de Fünen.

Les chevaux de cette île ont beaucoup de distinction ; leur tête est petite, carrée, les yeux grands, la ganache un peu prononcée, l'encolure bien proportionnée, un bon cadre, des formes élégantes, gracieuses, de belles extrémités : abstraction faite des tares dues à la fatigue ; robustes, sobres, s'acclimatant facilement quand on les exporte dans d'autres pays. Une commission de remonte pourrait y faire de bon achats pour monter les officiers, et pour toutes les armes, mais particulièrement pour la cavalerie légère. Les chevaux y sont très-nombreux ; la moyenne de leur prix est de 15 frédérics (300 fr.) pour la légère, 20 frédérics pour les dragons et lanciers, et 22 frédérics et demi pour la réserve, le tout en bon choix.

Les chevaux de l'île de Fünen commencent à travailler dès l'âge de deux ans et demi, cause qui explique encore la ruine prématurée de leurs membres. Le point central du commerce des chevaux est Odensé. Il faut embarquer les chevaux à Assens pour les débarquer à Aaroes, et de là les diriger sur Hambourg.

Ile de Séeland. — L'île de Séeland, à l'est de l'île de Fünen et au sud-ouest de la partie méridionale de la Scandinavie, est située dans la mer Baltique, entourée d'une infinité d'îles beaucoup plus petites et peu importantes.

Cette île, dont le sol fertile est bien cultivé, est couverte çà et là de grandes forêts ; ses pâturages sont riches et de bonne qualité ; elle est peuplée d'un grand nombre de bêtes chevalines et bovines. Le haras royal de Danemark est établi à Frédériksborg. Malgré l'introduction du sang anglais, la race des chevaux de la Séeland s'est en partie conservée pure. En 1804, feu Frédéric VI, roi de Danemark, possédait, en outre d'un haras domestique, un haras sauvage ; le premier contenait 900 têtes, le second 500. M. Nilson, qui en avait la direction spéciale, avait obtenu les résultats les plus brillants, sans y admettre un seul cheval anglais. Un cheval turc nommé *Odin*, deux andalous, avec des juments domestiques et sauvages de la Moldavie, lui ont suffi pour créer une race semblable à nos chevaux navarins.

En général, les chevaux de l'île de Séeland ont des formes gracieuses, la tête belle, le bord refoulé du maxillaire un peu prononcé, l'encolure assez bien, courte et droite, le cadre bon, la côte ronde, un tempérament robuste, de bonnes allures, beaucoup de fond, peu de taille : tels sont les caractères de l'espèce chevaline actuelle de la Séeland, que les éleveurs disent avoir été importée du nord de l'Europe, et de même origine que la race cosaque.

Le haras royal possède encore quelques étalons arabes d'une grande beauté, des étalons de pur sang et de demi-sang d'une très-grande force. Plusieurs de ces étalons sont placés en station chez des particuliers pendant la saison de la monte, tandis que d'autres parcourent certaines contrées du Danemark, pour servir les poulinières des éleveurs.

Il y a des marchés de chevaux à Frédériksborg, à Roeskilde et à Slagelse.

D'après ce qui précède sur le Danemark, la péninsule et les îles qui en dépendent peuvent fournir aux remontes étrangères et au commerce, malgré l'exportation des poulains d'un an à dix-huit mois, 10,000 chevaux par an.

Il naît annuellement dans le Danemark, savoir :

Dans le Lauenbourg.	250	poulains.
Holstein.	10,000	—
Schleswig.	6,000	—
Jutland.	15,000	—
Dans l'île Dalsen.	600	—
Fünen.	1,200	—
Séeland.	3,000	—
Laaland et Famern. . .	500	—
TOTAL.	36,550	poulains.

Des courses de chevaux sont instituées dans le Danemark ; les hippodromes sont établis à Hambourg (Holstein, sud) ; Kiel (Holstein, nord); Schleswig (Holstein, centre); Augustembourg (Alsen, île); Odense (Fünen, île); Copenhague (Séeland, île).

Ayant égard aux saisons et aux circonstances, une commission de remonte envoyée par la France, qui aurait à opérer en Danemark, devrait établir successivement ses centres d'opération à Randers, pour le nord, du 15 octobre au 1er mars, et du 15 juin au 1er septembre à Renders, pour le sud. On dirigerait les chevaux sur Kolding et Hambourg par terre. Le trajet de Horsens à Hambourg est de dix-sept jours de marche ; il coûte aux marchands à peu près 1 marck (1 fr. 50 c.) par jour. Si l'on voulait embarquer les chevaux dans un des ports de la mer du Nord, pour les diriger sur Calais ou Dunkerque, il faudrait les concentrer sur Ribe, les frais de transport seraient de 100 fr. par cheval ; la traversée est de quatre à cinq jours, terme moyen.

La cavalerie danoise est remontée par la voie des commissions de remonte qui parcourent le pays, achetant dans les foires, dans les marchés ou directement chez les éleveurs. Ces commissions se font annoncer à l'avance, en indiquant l'époque et les lieux de leurs opérations. Elles payent les chevaux de cavalerie légère de 16 à 17 louis d'or (330 fr. environ), les chevaux de dragons de 18 à 20 (380 à 430 fr.); les chevaux de cuirassiers de 21 à 22 louis (450 fr.), et ceux de la garde royale de 25 à 28 (ou 500 à 580 fr.).

La cavalerie danoise ne se compose que de dix régiments de toutes armes, y compris celui de la garde. Les escadrons des régiments de dragons sont mêlés de chasseurs. La moitie de la troupe est logée chez les cultivateurs ; le reste est dans les garnisons.

Les rations des chevaux sont, à peu de chose près, calculées sur le même pied qu'en France. L'équitation est professée d'après les principes de l'école germanique. On remarque que le travail individuel est un point auquel les cavaliers consacrent beaucoup de temps et de soins. Le harnachement n'a rien qui soit digne de remarque ; on fait usage, pour toutes les armes, de la selle à la hussarde ; le mors des brides est à embouchure brisée et à olives, à branches longues, avec chaînettes au bout des branches.

On pratique la ferrure podométrique à froid dans les corps de cavalerie ainsi qu'au haras royal.

Vallée de l'Oder.

La grande vallée de l'Oder est formée : 1° par le revers oriental des hauteurs entre l'Elbe et l'Oder, et par les Riesen-Gebirge (Montagnes des Géants) ; 2° par le revers occidental des collines à peine ondulées entre l'Oder et la Vistule.

Les Monts des Géants (Riesen-Gebirge), qui servent de ceinture à cette vallée, jettent au nord des contre-forts assez confus, dont le plus considérable s'étend entre la Neiss et le Bober, rivières qu'il sépare sous le nom de Hibous, ou Eulen-Gebirge ; il se joint au sud-est sous la dénomination de Schumberg, entre Hirschberg et Glatz.

Si l'on excepte les contrées qui avoisinent le nord de la chaîne des montagnes hercinéo-carpathiennes et leurs contre-forts, le reste de la vallée de l'Oder est un pays plat, marécageux, cultivé en partie, et en partie couvert de pâturages très-fertiles ; ces plaines sont habitées par une population nombreuse, active, industrieuse, et passionnée surtout pour le cheval. Le reste est semé de tourbières et de landes. Les contrées accidentées sont couvertes presque en entier par de vastes forêts. Le climat de cette vallée est froid et humide.

Cette vallée renferme le Mecklenbourg et une partie de la Prusse.

Mecklenbourg.

Le grand-duché de Mecklenbourg se divise en seigneurie de Mecklenbourg-Schwerin et seigneurie de Mecklenbourg-Strelitz. La première est placée sur les côtes de la mer Baltique, à l'est du Danemark, au nord du Hanovre et de la Prusse ; elle est bornée à l'ouest par la Poméranie (province prussienne).

Les mœurs et le caractère germaniques se font remarquer essentiellement dans le Mecklenbourg.

La division du sol en grandes propriétés a permis depuis plusieurs siècles aux grands seigneurs de cette partie du nord de l'Allemagne, de se livrer avec avantage à l'élève du cheval de luxe. Il existe un grand nombre de seigneurs en Mecklenbourg qui possèdent des haras plus ou moins considérables, où ils se livrent presque exclusivement à l'élève du cheval de pur sang. Cette disposition particulière explique pourquoi les chevaux mecklenbourgeois portent tous à un plus ou moins haut degré des caractères de noblesse, et pourquoi l'ancienne race mecklenbourgeoise a été remplacée par la race anglaise.

On distingue dans la population chevaline de ce pays la race de luxe, carrossière et de selle, et la race commune; cette dernière tend de jour en jour à disparaître.

Comparés aux chevaux normands, avec lesquels ils ont de la ressemblance, les chevaux du Mecklenbourg sont plus agiles et plus vifs; leur cadre est parfois trop long, leur système musculaire et leur charpente osseuse plus en relief; les formes sont plus anguleuses qu'arrondies; la croupe est horizontale, la couleur dominante des robes est le bai et le bai-brun plus ou moins foncés, souvent zains.

La race mecklenbourgeoise présentait autrefois d'une manière bien tranchée les caractères suivants, qu'on retrouve encore chez quelques chevaux de plusieurs districts : La tête carrée, le front large, les yeux grands et beaux, les oreilles un peu longues, l'encolure fournie, droite, le garrot saillant, le poitrail assez ouvert, l'épaule oblique, l'avant-bras bien musclé, la cuisse forte, les jarrets étroits et peu évidés, les canons longs, les pieds volumineux, les allures bonnes, trottant en retroussant. Cette race descend, dit-on, du cheval arabe et de la jument normande. Par l'influence du sang anglais, les formes se sont modifiées pour se rapprocher du type de ce dernier.

Aujourd'hui, presque tous les chevaux de luxe achetés dans le Mecklenbourg sont exportés comme chevaux venant d'Angleterre. Un des principaux importateurs du sang anglais dans le Mecklenbourg est M. Lichwald, qui périodiquement amène d'Angleterre de nombreux convois de chevaux de pur sang et de demi-sang. Ces causes expliquent pourquoi l'Allemagne est si avancée pour l'élève du cheval de race anglaise. On n'emploie que l'étalon de cette race type, et on accroît ainsi à la fois la prospérité hippique et la richesse nationale.

Quoique la pratique de l'élève du cheval en Mecklenbourg soit raisonnée et bien entendue, le système général d'élevage dépend du sol, du climat, du mode de culture et de la manière de voir des grands propriétaires, qui ont encore de la difficulté à abandonner le type d'élève allemand pour adopter le type anglais.

Tous les poulains mecklenbourgeois et ceux qui y sont importés du Holstein et du Hanovre commencent à travailler dès l'âge de dix-huit mois à deux ans, afin de leur faire gagner par un léger service leur nourriture.

Le système d'alimentation à l'écurie, à l'aide de graines, de fourrages secs, et dans des mangeoires en pierre, contribue au rasement plus rapide des dents incisives. Cette circonstance doit donc fixer l'attention des acheteurs au moment de l'examen de la bouche du cheval, et se baser sur l'état des crochets.

Depuis leur naissance jusqu'à leur sevrage, les poulains suivent leurs mères au travail; à un an, ils sont progressivement soumis au régime sec; les fourrages des prairies naturelles et artificielles, l'avoine, le froment, quelques autres graines et beaucoup de paille hachée, sont les bases de l'alimentation à l'écurie.

Au dire des marchands étrangers et de ceux du pays, le cheval du Mecklenbourg est le meilleur et le plus élégant des chevaux du Nord; la manière de l'élever en augmente le prix; il est aussi très-remarquable par la douceur de son caractère, par la bonté et la durée de ses services, par sa souplesse, sa légèreté et la bonté du pied.

Sans nuire à la reproduction ni au commerce, le Mecklenbourg pourrait aisément fournir à la remonte de la France, non compris ce qui est exporté par les autres remontes étrangères, 5 ou 600 bons chevaux pour toutes les armes, et 200 environ pour monter MM. les officiers. L'avidité avec laquelle sont recherchés les chevaux de race carrossière, rend assez difficile l'achat des chevaux de grosse cavalerie. Le prix des chevaux de ligne est de 580 fr. environ, ceux de légère de 450 fr., ceux d'officiers de 900 à 1000 fr. Ces chevaux, rendus en France, vaudraient le double. Si l'on allait le long des côtes de la mer Baltique jusqu'à Rostock, et même jusqu'en Poméranie vers Fransburg et Stralsund, on pourrait acheter 200 chevaux de cuirassiers au prix de 500 fr.

Une commission de remonte envoyée de France, qui procéderait aux achats en allant de village en village, par but d'économie, ne pourrait rien faire que de porter les éleveurs à augmenter le prix des chevaux, et à lutter contre la concurrence que ne manqueraient pas d'établir les marchands, pour conserver l'avantage de livrer de seconde main les chevaux nécessaires à cette commission.

Les marchands étrangers qui explorent périodiquement le Mecklenbourg et les autres contrées voisines, sont : Hesse (forte maison), à Francfort-sur-l'Oder ; Lion-Mantoue, à Nancy ; May frères, à Strasbourg et Besançon ; Benedic, de Metz ; Parisis père et fils, de Lyon ; Lichtwald, de Neubrandebourg, etc.

Ces marchands achètent le plus ordinairement des chevaux qu'ils payent de 30 à 35 frédérics (640 à 750 fr.). Ils les revendent le double.

La meilleure saison pour opérer des achats dans le Mecklenbourg, serait du 1er octobre au 1er avril, parce que les travaux agricoles sont terminés, et que les chevaux de vente sont en état et mieux en condition d'émigrer qu'en toute autre saison. Dès qu'on reprend les travaux, les ventes deviennent rares, les achats par conséquent très-difficiles.

Mecklenbourg-Schwerin. — La Schaal, dont l'embouchure dans la Baltique est près de Lubeck, sépare le Mecklenbourg du Danemark.

La seigneurie de Mecklenbourg-Schwerin se subdivise en cercle duché de Gustrow et de Wendensche, et seigneurie de Wismar.

C'est dans le duché de Mecklenbourg-Schwerin qu'est situé le fameux haras de Redefin. Cet établissement possède 100 étalons de pur sang, demi-sang et de race arabe, des juments de pur sang, demi-sang, et des poulains ; cette réunion s'élève au chiffre d'environ 300 sujets. C'est pour ce haras qu'est débarqué à Hambourg, venant d'Angleterre, le magnifique étalon *Rogyngame*, acheté par le grand-duc de Mecklenbourg pour la somme énorme de 100,000 fr. au dire des uns, et beaucoup moins au dire des autres. Afin d'éviter l'effet des nouveaux aliments après son débarquement, on avait eu le soin de le faire suivre d'une provision de foin, de paille, d'avoine et d'eau, pour le nourrir pendant une huitaine de jours ; mais, l'eau lui ayant manqué, et forcé de l'abreuver avec l'eau du Holstein, il fut immédiatement atteint de coliques assez vives. Ceci doit donner à penser combien est grande l'influence déterminée sur le tempérament du cheval par l'usage subit de nouveaux aliments et par l'émigration.

Les étalons, pendant la saison de la monte, sont placés en station dans les localités où l'on se livre à l'élève des chevaux.

Tous les sujets réunis dans cet établissement, excepté cinq ou six des plus distingués et de pur sang anglais, portent sur la fesse gauche l'empreinte MC.

Les principaux marchés de chevaux sont établis à Grevismüthen, Gadebusch, Schwerin, Pinnowe, Wittenburg, Gordow, Krevistz, Parchine et Neustadt.

Mecklenbourg-Wismar. — La seigneurie de Wismar, située sur les côtes de la mer Baltique, au nord-est du Mecklenbourg-Schwerin, possède le haras de *Zierow-Veittendorff*, au baron de Biel, à quelques milles de Wismar, sur les bords de la mer Baltique. Une partie des poulinières est à Zierow; le reste et plus de 80 étalons sont à Veittendorf. Les écuries de ces deux établissements sont établies sur un modèle élégant, et disposées de manière à loger, par catégories différentes, les étalons, les poulinières, les poulains et les chevaux de maître. On reproche à ces établissements d'avoir des chevaux trop haut sur jambes et pas assez corsés. Les principaux étalons de pur sang et demi-sang, qui depuis une douzaine d'années ont le plus contribué à l'amélioration de l'espèce chevaline dans cette partie du Mecklenbourg, sont les suivants: Shuffler, the General, Block-Oversen, Brother-to-Interpreter, Blowing, Chopmann, de pur sang; Wildfire et Teckle, de demi-sang.

Le baron de Biel et son frère Wilhelm sont deux des premiers amateurs de chevaux de l'Allemagne; ils sont passionnés pour l'élève du pur sang anglais. Depuis longtemps ils ont institué des ventes annuelles des produits de leurs établissements. Ces ventes ont lieu de la manière suivante: Après avoir inscrit sur chaque billet le nom des poulains de pur sang de leur haras, ils mettent ces billets dans une urne; ils en retirent au hasard un nombre de billets égal à celui des poulains qu'ils se proposent de conserver; ceux qui restent dans l'urne portent les noms des poulains à mettre en vente. Ces produits sont vendus sur le pied de 55 à 60 frédérics, à l'époque de leur sevrage. Ceux de demi-sang sont vendus après qu'ils en ont retiré les sujets qu'ils désirent conserver. Après avoir fait le choix des pouliches à conserver pour la reproduction, ils vendent les autres.

Toutes ces ventes sont publiques, et les étrangers comme les habitants du Mecklenbourg ont la liberté de venir puiser à cette source précieuse les éléments d'amélioration des races chevalines. Comme on le voit, le baron de Biel et son frère sont de zélés éleveurs, qui s'efforcent de multiplier la race des chevaux anglais.

Des marchés considérables de chevaux se tiennent à Doberan, Buchow, Wismar, Mecklenbourg, Warin et Bruel.

Mecklenbourg-Gustrow. — Le duché de Mecklenbourg-Gustrow, ou cercle de Wendensche, est situé à l'est du duché de Mecklenbourg-Schwerin et au sud-est de la seigneurie de Wismar; il a la seigneurie de Mecklenbourg-Strelitz au sud-est, et la Poméranie à l'est. C'est la contrée du Mecklenbourg qui possède le plus grand nombre de haras particuliers. Les plus considérables sont ceux de Basedow, au comte de Hœl-Basedow; d'Ivenack, au comte de Plessen; ceux de Somersdorf; de Wold, au baron Molk; de Schordoff, au comte de Wos; de Lewerow au baron de Bonsen, et une foule d'autres plus ou moins riches en éléments d'amélioration.

Nous parlerons plus particulièrement du premier. Le haras de Basedow est situé près du lac Walchinsche; c'est, par le mérite, le deuxième haras du Mecklenbourg; il possède un grand nombre d'étalons pur sang, demi-sang et quart de sang, des poulinières et bon nombre de poulains. Les chevaux de cet établissement ne sont pas marqués. A Basedow se trouve encore le fameux étalon *Gondaliec*, si justement redouté en Allemagne et exclu de tous les hippodromes du Nord. Il a été vainqueur vingt-deux fois dans une seule année. Le dernier prix qu'il a gagné a été le fruit d'une victoire remportée sur vingt concurrents; il eut à franchir seize obstacles, dont l'un était une barrière de cinq pieds de hauteur, suivie d'un large fossé. Aujourd'hui, il fait la monte. Jaloux de cette réputation, les Anglais ont voulu le racheter, mais le propriétaire de Basedow n'a pas voulu le vendre.

Le haras d'Ivenack, au comte de Plessen, est situé sur la frontière de la Poméranie, à peu de distance de Stavenhagen et du haras prussien de Cummerow. Les chevaux de cet établissement portent sur la fesse droite l'empreinte de reconnaissance P. Parmi les étalons les plus remarquables qui aient existé à Ivenack, on doit citer

Zang, doué d'une grande force, qui, possédant peu de distinction, transmettait cependant la beauté et de brillantes qualités à ses descendants; *Herald-Odt*, qui faisait l'orgueil du propriétaire d'Ivenack à l'époque des guerres de l'Empire. Napoléon fit amener cet étalon en France, où on le racheta pour la somme de 37,000 fr. Il fut replacé à Ivenack, où l'on a conservé précieusement ses plus beaux produits, qui avaient pour caractère distinctif une puissance de force supérieure, front large, oreilles écartées, facies triste, pieds excellents, et surtout d'une docilité remarquable.

Les lieux où se tiennent les marchés les plus renommés sont : Ribnitz, Sulze, Rostock, Wozeten, Bargura, Butzow, Gustrow, Malchin, Stavenhagen, Krakow, Malchew et Penzlin.

Mecklenbourg-Strelitz. — Le duché de Mecklenbourg-Strelitz, situé à l'est du Mecklenbourg-Schwerin, au sud de la Poméranie et au nord du Brandebourg, possède le haras d'Ihlenfeld et celui de Breidereich.

Le haras d'Ihlenfeld, près de Neubrandebourg, appartient à à M. Amtshauptmann Michels. Cet établissement, moins considérable que ceux dont on a déjà parlé, possède de beaux étalons de pur sang et quelques-uns de race mecklenbourgeoise. Ils présentent un bon cadre, sont bien ouverts devant et derrière; ils sont remarquables par la force des membres; considérés par rapport à leur taille, qui est moyenne, ils ont beaucoup de distinction dans les formes et un caractère très-doux; leurs allures sont belles. Le prix de ceux que l'on met en vente est de 50 à 80 louis. Ils ne sont pas marqués sur la fesse.

Le haras de Breidereich, au comte de Bossewitz, sur les frontières du Brandebourg, possède des étalons et des poulinières de pur sang, de demi-sang et de quart du sang, qui donnent d'excellents chevaux, ayant une belle charpente dans un bon cadre, bien ouverts, larges jarrets, belles allures et caractère très-doux.

Les principaux marchés du Mecklenbourg-Strelitz se tiennent à Friedland, Neubrandebourg, Waldeck, Neu-Strelitz, Alt-Strelitz, Wesenberg et Furstenberg.

Les hippodromes du Mecklenbourg sont à Wismar, Gustrow et Neu-Strelitz.

Les points principaux à choisir comme centre des opérations de remonte pour une commission envoyée de France dans le Mecklenbourg, sont : Schwerin, Gustrow, Parchim. Cette dernière ville pourrait être le point central, d'où les détachements seraient dirigés soit sur Hambourg, pour y être embarqués et voyager par eau, soit sur Hanovre et de là aux frontières de France.

Prusse.

Les provinces prussiennes situées dans la vallée de l'Oder, entre la mer Baltique qui borde le royaume du côté du nord, et la ceinture formée, au midi, par les rameaux et les contre forts qui se détachent des montagnes hercinéo-carpathiennes, sont : 1° la Poméranie et la Lithuanie sur les côtes de la mer Baltique ; 2° le Brandebourg et le grand-duché de Posen, au sud du Mecklenbourg, de la Poméranie et de la Lithuanie ; 3° la Silésie, au sud du Brandebourg.

La province de Saxe-Ziegenrük, au centre du royaume de Saxe, celle de Schleusingen, au sud-est du même royaume, sont situées, la première dans la vallée de l'Elbe, la dernière dans celle du Weser ; enfin, la province de Westphalie est située partie dans la vallée de l'Ems, au sud-ouest du Hanovre et à l'est de la Hollande, partie dans celle du Rhin, ainsi que dans celle du Bas-Rhin, placée à l'est de la Belgique et du duché de Luxembourg, et à l'ouest des provinces de la Confédération germanique.

Le sol des provinces prussiennes placées dans le bassin de la mer Baltique, est généralement bas et humide ; la pente des eaux y est à peine sensible. La Poméranie et la Lithuanie ont leurs côtes formées par des atterrissements qui, dans les saisons pluvieuses, arrêtent le cours des eaux et causent des inondations sur une étendue très-considérable. Les provinces méridionales, au contraire, sont d'autant moins humides qu'elles avoisinent les contrées accidentées et montueuses. Les provinces du sud-ouest sont humides encore à cause de leur éloignement des côtes de la mer du Nord, dont elles sont séparées par la Hollande et la Belgique.

Les mœurs et le caractère de la nation prussienne participent beaucoup des mœurs et des habitudes germaniques. Quoiqu'elle se livre à l'industrie chevaline, on remarque cependant que le goût du cheval est moins grand, quoiqu'on en élève un très-grand nombre, et que l'on a moins de douceur envers cet utile animal.

Le sol de la Prusse, sous un climat humide et froid, vers ses contrées septentrionales, est moins riche en produits agricoles que dans les contrées méridionales; cependant, les pâturages y sont étendus, multipliés et bons. Les meilleurs sont situés sur les bords des fleuves et des rivières. On remarque qu'en Prusse les graines récoltées, l'avoine particulièrement, sont généralement mêlées de sable, circonstance dépendante de la nature du sol dans certaines localités.

Les départements de la Prusse sont traversés par des routes bien tracées et parfaitement entretenues; des chemins de fer et des canaux complètent le système des communications.

Avant 1789, à la suite des luttes que la Prusse eut à soutenir avec ses voisins du Nord et du Midi, les races chevalines s'étant éteintes, on retrouvait à peine les traces des anciennes souches qui avaient acquis de la réputation. Frédéric-Guillaume II commença à reconstituer les haras, auxquels ses successeurs donnèrent depuis une très-grande extension.

La Prusse compte aujourd'hui six haras principaux, qui sont du domaine de la couronne, et un très-grand nombre de haras particuliers. Les premiers sont ceux de Trakenem et Kalenbrunn en Lithuanie, Neustadt en Brandebourg, Graditz et Hallestadt dans la province de Saxe et Weorn dans celle de Saxe-Weimar. Parmi les autres, ceux qui ont le plus de réputation sont ceux de Tapiau, au comte Scœn-Kleinhof-Tapiau, en Lithuanie; Commerow, au baron Maltzahn, en Poméranie; Demmin, Pretsch, Tarmowitz, Benthen et Muskau, au baron Puckler-Muskau, en Silésie.

L'Etat possède plusieurs fermes dans les départements producteurs de chevaux, où sont placés des poulinières tirées des corps de cavalerie pour la reproduction, des jeunes chevaux de remonte et des poulains provenant ou des poulinières, ou des haras royaux, ou achetés aux éleveurs de la Prusse ou à ceux des Etats voisins.

L'introduction dans les haras royaux et particuliers d'étalons et de poulinières des races les plus renommées a produit de tels mélanges, pendant les premières années du rétablissement des haras, qu'il en était résulté des inconvénients graves ; le mélange des races par les croisements avait fait surgir une confusion telle des caractères des produits, qu'on a dû revenir aux types principaux. Ainsi, aujourd'hui les races arabe et anglaise commencent à rétablir une sorte d'homogénéité, encore éloignée de celle qu'on trouve dans les races chevalines du Mecklenbourg et de quelques contrées du Hanovre et du Danemark.

Dans le but de provoquer chez les éleveurs le goût pour la race anglaise, à l'imitation du Mecklenbourg, des hippodromes ont été établis sur une douzaine de points du royaume de Prusse. Les principaux sont : Stralsund, Auklau et Stargard en Poméranie, Kœnigsberg en Lithuanie, Berlin, Francfort-sur-l'Oder, Potsdam, Magdebourg, Breslau, Dusseldorf et Aix-la Chapelle.

La cavalerie prussienne se remonte annuellement par dixième. Lorsque les produits indigènes sont insuffisants, l'armée va compléter l'effectif de ses remontes chez ses voisins. Terme moyen, les chevaux sont payés de 80 à 250 thalers (320 à 1000 fr.). Les plus beaux chevaux sont réservés pour les régiments de la garde royale et pour les écuries du roi.

Dans les dépôts de remonte, la cavalerie possède plus de 2000 jeunes chevaux provenant des étalons royaux et des poulinières de race ; ils sont achetés, encore poulains, à l'âge de deux ans et demi à trois ans, pour être livrés à cinq ans aux régiments de cavalerie ; ils sont, avant leur sortie du dépôt, dressés et préparés au régime militaire. C'est des contrées de l'Est et de l'Ouest que la cavalerie prussienne lève ses remontes. Ce débouché pour les éleveurs est presque le seul qui leur soit offert, car la nature des propriétés et leur division rend l'élève des chevaux très-difficile pour les paysans, et porte très-haut le prix de revient du jeune cheval. C'est pour ce motif que les marchands étrangers exploitent peu en Prusse cette branche de commerce, tandis que chez les Hanovriens, les Mecklenbourgeois et les Danois, ils trouvent à se pourvoir à meilleur marché.

Les affections aiguës de poitrine, la morve, le farcin, l'immobilité, les ophthalmies périodiques ne sont pas rares en Prusse. L'action rédhibitoire a lieu pour la morve, le farcin, la pousse et l'immobilité pendant vingt-huit jours, la fluxion périodique, la goutte sereine, le cornage pendant quinze jours; pour les chevaux rétifs pendant trois jours.

Les vétérinaires sont nombreux en Prusse, et le gouvernement exige qu'ils travaillent constamment. On reconnaît la classe des vétérinaires d'arrondissement, qui doivent tous les trimestres adresser un travail écrit sur les observations qu'ils ont recueillies; celle des vétérinaires de département, qui résument ces travaux; et leur analyse est adressée à l'Ecole vétérinaire de Berlin, qui, à son tour, envoie un rapport définitif au ministre.

Poméranie. — Le haras particulier de Cummerow, appartenant au baron Maltzahn, membre de la Société poméranienne, est très-considérable; il possède un très grand nombre d'étalons et de poulinières de pur sang. Il est de règle que cette Société achète annuellement au moins 25 ou 30 étalons ou poulinières de première distinction pour l'amélioration de l'espèce chevaline de cette province. Un des étalons les plus remarquables qu'a possédés ce haras est *Gaberhinzi;* c'est un des plus beaux, des plus grands et des plus forts étalons qui aient paru en Prusse. Il présente une harmonie parfaite de formes, alliée à une extrême vigueur. Sa tête est petite et pleine de caractère; ses yeux sont grands et ont beaucoup de feu et d'expression; son front est large, ses narines grandes, sa crinière belle, longue, fine et bien fournie; son caractère est doux.

La Saxe achète ordinairement en Poméranie environ 200 chevaux de race.

Parmi les autres haras de la Poméranie, on doit placer au premier rang celui de Demmin, aussi riche en étalons et en poulinières que celui de Cummerow.

Les étalons royaux et particuliers ont puissamment contribué à améliorer les races poméraniennes, et ont rendu l'industrie chevaline très-florissante dans cette province, dans laquelle pénètrent parfois les marchands étrangers qui explorent l'Etat du Mecklenbourg. Les courses de Stralsund, Anklau et Stargard excitent l'émulation parmi les éleveurs de toutes les classes.

Lithuanie. — Les haras royaux de Trakenen et Bakubenn, qui sont placés dans cette province, ont contribué, avec les haras particuliers, a perfectionner l'espèce chevaline de ce pays. Depuis 1789, le grand écuyer du roi de Prusse, M. de Burgsdorff, l'un des hommes les plus instruits de tout le continent en matière hippique, a donné à la direction des haras prussiens une impulsion remarquable.

Douze métairies, contiguës les unes aux autres, dépendent du haras de Trakenen, qui, d'après les dispositions arrêtées, est le centre des établissements hippiques du même genre de toute la Prusse. Ces établissements sont ceux de l'Europe qui coûtent le moins à l'Etat, parce qu'ils suffisent pour tous les besoins. Le haras de Trakenen est entouré d'une foule de haras particuliers, qui possèdent 30, 40 et jusqu'à 50 poulinières.

250 étalons sont réunis au dépôt de Trakenen; on les répartit pendant la saison de la monte sur tous les points du royaume; ils servent de 15 à 20,000 poulinières par an; celles-ci donnent environ 12,000 poulains, non compris ceux des haras particuliers. Le haras de Trakenen compte seul 70 poulinières de race noble pour la selle, 5 poulinières de race Hunters pour la chasse, et 180 poulinières de race carrossière: en tout 300 poulinières. Comme on le voit, cet établissement est formé sur un plan remarquablement grand. La monte commence le 1er mars et finit le 1er juillet. On a adopté l'alimentation au foin, à l'avoine, à l'orge. Les graines sont toujours mêlées à la paille hachée. Des manéges sont affectés au service des établissements de Trakenen; l'effectif est de 1300 à 1500 sujets.

Ce haras fournit aux dépôts provinciaux des étalons, des poulinières, des poulains, et fournit aussi en partie pour les remontes des écuries royales et des différents services, suivant la distinction, les qualités et le nombre des sujets. Les étalons et les juments de selle sont établis à Trakenen; les carrossiers et les bêtes de chasse sont placés dans les autres métairies.

La marque du haras de Trakenen, placée sur la fesse gauche, est l'image d'un bois de cerf pour les chevaux de pur sang; ceux des autres races portent simplement la couronne prussienne. On destine ceux-ci pour remonter la cavalerie de la garde royale et des autres corps. On réforme chaque année les sujets les plus vieux et ceux qui deviennent impropres à la reproduction.

Les chevaux du haras de Trakenen ont de la vigueur, beaucoup de sensibilité, et sont parfois difficiles à la selle; on leur reproche encore de manquer d'étoffe ; leur caractère est doux, ils ont de la vitesse, beaucoup de moyens et de souplesse, qualités qu'ils tiennent du croisement presque général du sang anglais avec le sang arabe ; leur système musculaire est bien dessiné ; leur tête a le cachet de celle de la race arabe ; l'œil est bon et très-beau ; le pied est parfait, ce qui rend souvent la ferrure inutile. Un assez grand nombre de ces chevaux ont le défaut d'être cagneux. Le prix de revient du haras de Trakenen s'élève de 40 à 70 louis (920 à 1630 fr.).

L'hippodrome le plus renommé de la Lithuanie est celui de Kœnigsberg.

Parmi les haras particuliers les plus remarquables de la Lithuanie dans le voisinage de Trakenen, on peut citer celui de Tapiau.

Brandebourg. — La province de Brandebourg possède le haras royal de Neustadt, le troisième des établissements de ce genre par son importance.

Berlin, sur la Sprée, capitale du royaume, ne possède point de haras, mais on y trouve le Manége royal, l'Ecole vétérinaire et un bel hippodrome.

Le corps des gardes, qui tient garnison à Berlin, n'a que 200 chevaux, grands, peu en état, ayant pour caractères principaux la tête longue, l'encolure fausse et beaucoup de race ; leur taille est de 4 pieds 10 pouces à 5 pieds ; ils sont bien membrés ; ils proviennent pour la plupart des haras de la Lithuanie ; ils font un bon et long service. Leur ration journalière se compose de 4 kilogrammes 1/2 d'avoine, 4 kilogrammes de foin, 6 kilogrammes de paille ; abreuvés à l'écurie trois fois en été, deux fois en hiver ; le harnachement de ces chevaux est lourd. Ils portent sur la fesse gauche la couronne prussienne.

Les hippodromes du Brandebourg sont ceux de Berlin, de Potsdam et Francfort-sur-l'Oder.

L'Ecole vétérinaire de Berlin est dirigée par M. le docteur Albers, qui n'est point vétérinaire ; le professeur de clinique est M. Hertwig, d'une profonde instruction scientifique ; les autres vétérinaires sont : MM. Hoffmeister, Frische et Furstenberg. Des expériences de ferrure podométrique à froid, faites en présence du corps enseignant, ont été suivies du succès le plus complet. On nous a fait voir une mesure semblable à celle dont les cordonniers se servent pour prendre la mesure du pied de l'homme, pour ferrer à froid. Ces tentatives ont échoué.

Le cabinet de l'Ecole vétérinaire de Berlin est très-bien monté. On y voit le squelette de *Condé*, mort à l'âge de quarante et un ans, cheval que montait d'habitude le grand Frédéric. A côté de cette pièce est vu le squelette humain qu'on dit être celui du palefrenier qui se suicida de désespoir après la mort de ce noble animal. La peau de *Condé* est empaillée. Son squelette est remarquable par la dimension de ses orbites, l'usure de ses sus-naseaux que la pression de la muselière avait déprimés, ses incisives longues, arrondies et cependant dans une bonne direction, eu égard à son âge exceptionnel. Ce bel animal était de race anglaise.

A Neustadt est placé l'un des six haras royaux; il possède 120 étalons arabes et anglais, 100 poulinières et un grand nombre de poulains. L'un des meilleurs étalons du haras de Neustadt est *Koylau*, arabe acheté dans le désert. Les produits annuels de ce haras sont ordinairement de 80; ils ont de la distinction, de l'élégance et beaucoup d'énergie. Le haras de Neustadt fut fondé par Frédéric-Guillaume II.

Le sol sur lequel est placé ce haras est inégal, composé d'un mélange de terre végétale, d'argile et de sable. Les fourrages y sont doux, l'herbe tendre; quelques endroits étaient autrefois humides et froids, mais ils ont été assainis. La marque du haras de Neustadt, placée sur la fesse droite, est un serpent s'enlaçant autour d'une flèche, placée verticalement. Le prix de la saillie par les étalons de ce haras est de 1 thaler (4 fr.) et une mesure d'avoine. Les produits sont de taille moyenne, ont de bons pieds et de bonnes allures; ils sont payés de 24 à 25 louis (555 à 575 fr.). Les chevaux du Brandebourg qui ne sortent pas du haras portent sur la fesse gauche la marque B, surmontée de la couronne prussienne.

Le sixième régiment des cuirassiers prussiens est en garnison partie à Brandebourg, partie à Rathenow. Ce régiment a pour colonel l'empereur de Russie, qui chaque année envoie une remonte de 50 chevaux russes et quelques beaux étalons de race.

Silésie. — La Silésie possède ses haras particuliers de Tarnowitz et de Benthen. Il existe dans les montagnes de Gœrlitz une race indigène de petits chevaux, nommée race gaulatz, ressemblant aux poneys, infatigables pour le travail et portant des pieds énormes relativement à leur taille. Parmi les haras particuliers de la Silésie, on doit citer celui de Muskau, près de Sagan, appartenant au baron Puckler-Muskau, hippologue nomade, célèbre par ses voyages dans l'Orient. Le haras de Pretsch est situé dans le voisinage de Torgau.

Le principal hippodrome de la Silésie est situé à Breslau.

Dans la vallée de l'Elbe, à 1 myriamètre environ de Torgau, sur un sol uni et fertile, est établi le haras royal de Graditz. Il possède 12 ou 15 étalons, 200 poulinières et 380 poulains ou pouliches. L'effectif de cet établissement est d'environ 600 têtes. Les étalons les plus beaux de ce haras viennent de ceux de Trakenen et de Neustadt. On s'attache à Graditz à donner de la taille et de l'étoffe aux chevaux de cette contrée de la Prusse; car on leur reproche d'être minces, d'avoir les jarrets étroits, le dessous des genoux creux, d'être disposés à la fluxion périodique, et difficiles au service de la selle; leur cadre est long; ils sont longtemps à se former; on ne peut guère les mettre en service avant l'âge de sept ans; alors ils deviennent bons. Le prix d'achat de ces chevaux est de 30 à 100 louis (690 à 2300 fr.). La marque de ce haras est un serpent enlacé sur deux flèches en sautoir.

Le principal hippodrome de cette province est établi à Magdebourg.

Cette province possède encore le haras de Hallestadt, près d'Eisleben, et de Mersebourg. Il est moins considérable que celui de Graditz.

Saxe-Weimar. — Dans le duché de Saxe-Weimar et sur le territoire du comté de Hemelberg, non loin de Meiningen et de Hildburghausen, est situé le haras royal de Wessra. Cette contrée montueuse du Thuringer-Wald a une température âpre et froide. On y trouve cependant de bons pâturages. Cet établissement possède 5 étalons, 60 poulinières et 130 poulains. Les étalons proviennent des races élevées à Trakenen. Les produits du haras de Wessra sont remarquables par la taille, la force et l'élégance; ils ont de belles allures, on leur reproche cependant d'être long-jointés du derrière et d'avoir le genou trop creux. Ils rachètent ces défauts par une belle conformation de reins et de jarrets; leurs pieds sont tellement bons qu'ils ne sont presque jamais ferrés. Ces chevaux vivent à l'état sauvage au milieu des bois. Une quarantaine de ces chevaux sont annuellement envoyés à Berlin et à Erfurth. Nous devons ajouter que, si les allures des chevaux du haras de Wessra sont agréables, leur caractère est généralement vicieux et méchant. Ce dernier motif, joint à d'autres, a dû déterminer la suppression de cet établissement. Les vices de méchanceté dont les produits du haras de Wessra étaient atteints leur ont été transmis par *Sibas*. Cet étalon, justement renommé par sa méchanceté, était de race arabe. Acheté comme un des plus beaux types par M. Ammon, on n'a jamais pu adoucir son caractère farouche, qu'il transmettait malheureusement à presque tous ses descendants. Agé de vingt ans, il fut vendu, il y a peu de temps, à un marchand de chevaux, qui le tua d'un coup de fusil.

Les chevaux du haras de Wessra sont marqués sur la fesse droite de l'aigle prussienne à double tête.

Provinces de Westphalie. — Elles ne possèdent point de haras, mais des établissements particuliers et des étalons royaux qui vont saillir les juments des éleveurs de cette province. C'est des environs de Dusseldorf que sont amenés en France, pour être vendus à la gendarmerie, l'espèce de chevaux propres à cette arme, chevaux que les marchands disent originaires du Danemark. Il y a un hippodrome à Dusseldorf.

Province du Bas-Rhin. — On y élève très-peu de chevaux, comparativement aux provinces septentrionales de la Prusse. Il y a un hippodrome à Aix-la-Chapelle.

Les foires les plus renommées pour le commerce des chevaux se tiennent dans les chefs-lieux des arrondissements et des départements du Nord de la Prusse. Les étrangers y achètent peu de chevaux. Ils y sont toujours vendus comparativement plus cher que dans les pays situés à l'ouest de ce royaume.

Le gouvernement prussien exerce par sa manière de remonter sa cavalerie, par la disposition et le nombre de ses haras, une sorte de monopole sur l'industrie chevaline, qui, s'il ne contribue pas à la prospérité de l'industrie nationale par la voie des petits éleveurs, favorise essentiellement la remonte de la cavalerie, et dispense d'exporter des capitaux pour aller chercher des chevaux à l'étranger. Depuis trois ou quatre ans la Prusse, par ses ressources chevalines, suffit et au delà aux besoins des différents services. Sa cavalerie est toujours parfaitement bien montée par une espèce de chevaux qui ont tous des caractères plus ou moins sensibles des races dont ils tirent naissance.

Parties méridionales des vallées de l'Elbe et du Weser.

Ces contrées accidentées sont traversées par les contre-forts de la chaîne des montagnes appartenant au système herciméo-carpathien, qui se prolongent vers le nord, dans le sud-est de la Prusse, le sud du Hanovre et le centre de la Westphalie, pour y marquer la pente des eaux dans les vallées de l'Ems et du Rhin. Elles comprennent le royaume de Saxe, les duchés de Saxe-Weimar, Gotha, Meiningen, Cobourg, Hildbourghausen et la Hesse-Electorale ou duché de Hesse-Cassel.

Royaume de Saxe. — La Saxe embrasse l'espace compris entre le sud de la Prusse et la chaîne de montagnes nommées Lausitzer-Gebirg ou Erz-Gebirg, qui se dirige du nord-ouest vers le sud-ouest. Elle est bornée à l'ouest par les duchés de Saxe-Weimar et par la partie septentrionale du royaume de Bavière. Ce pays est accidenté, généralement couvert de forêts, cultivé sur d'autres parties, présentant un aspect rude et sauvage. Les routes sont peu nombreuses et assez mal entretenues ; le pays est médiocrement peuplé ; l'espèce chevaline y est renommée pour son aptitude aux fatigues de la guerre.

Le royaume de Saxe ne possède de haras réellement remarquables que celui de Zwikau, appartenant au comte de Lichtenstein ; les autres ont beaucoup moins d'importance.

La Saxe va se remonter en Danemark et en Hanovre.

Duchés saxons. — Annexés au royaume de Saxe, les duchés qui l'avoisinent n'offrent d'autre point de remarque sous le rapport hippique que le haras d'Altstedt, propriété du duc de Saxe-Weimar. Cet établissement compte 20 étalons arabes, qui ont beaucoup dégénéré, quelques étalons anglais, environ une centaine de poulinières et un assez grand nombre de poulains. On y élève beaucoup de chevaux noirs et isabelles. Si les chevaux de cette race anglo-arabe sont durs à la fatigue, ils sont plutot de race carrossière que de selle, à pieds parfaits, à caractère doux; on leur reproche d'avoir le cadre trop long.

En général, l'industrie chevaline est très-bornée dans les duchés saxons; on y fait très-peu d'élèves; on y importe un très-grand nombre de chevaux provenant des contrées qui bordent la mer du Nord et la mer Baltique.

Duchés de Hesse-Cassel et de Hesse-Darmstadt. — Ces duchés sont situés à l'est du grand-duché du Bas-Rhin, au sud-ouest du Hanovre, à l'ouest des duchés saxons et au nord-ouest du royaume de Bavière. On y fait si peu d'élèves, que l'année dernière le duc de Hesse fit explorer tout son pays sous le rapport hippique; on ne rencontra à peine que 40 chevaux pour remonter la cavalerie. D'après un nouvel examen ordonné, on n'en trouva que 9 qui approchaient des conditions demandées. Sur les 9 chevaux, après les achats, on fut dans la nécessité d'en réformer 4. Le duché de Hesse-Darmstadt est aussi pauvre en chevaux que le duché de Hesse-Cassel.

Vallée du Rhin.

La vallée du Rhin comprend, depuis les frontières de la Hollande jusqu'à celles de la Suisse, le grand-duché du Bas-Rhin, la principauté de Nassau, le grand-duché de Bade, le Luxembourg, le royaume de Wurtemberg et celui de Bavière. Du reste, en traitant de la Prusse nous avons fait connaître le grand-duché du Bas-Rhin.

Principauté de Nassau. — Situé à l'est du grand-duché du Bas-Rhin, au nord du grand-duché de Bade, à l'ouest du duché de Darmstadt et de Hesse-Cassel, la principauté de Nassau, sous le rapport hippique, n'offre pas plus de ressources en chevaux que les duchés de Hesse-Cassel et de Hesse-Darmstadt.

Le duché de Luxembourg, situé à l'ouest du grand-duché du Bas-Rhin, n'offre pas plus de ressources en chevaux que les duchés précédents.

Bavière (cercle du Bas-Rhin). — Le cercle du Bas-Rhin, situé sur la rive gauche du Rhin, au sud du grand-duché du Bas-Rhin, au nord de la France, au nord-ouest du grand-duché de Bade et au sud du duché de Hesse-Darmstadt, possède la race de chevaux dite des Deux-Ponts (anglo-arabe). Cette race, améliorée au haras des Deux-Ponts, a donné de très-bons et très-beaux étalons, qui ont alimenté depuis longtemps les dépôts provinciaux du royaume de Bavière. C'est au margrave d'Anspach que l'on doit la création de ces éléments d'amélioration.

Grand-duché de Bade. — Séparé de la France par le Rhin, et borné du côté du Wurtemberg par la chaîne des montagnes Schwarzwald (Forêt-Noire), le grand-duché de Bade est situé entre le nord-est de la France, l'est du cercle du Bas-Rhin, le sud du duché de Darmstadt, le nord-ouest du royaume de Bavière et le nord des cantons helvétiques.

La partie de la vallée du Rhin occupée par ce duché est riche, pittoresque, très-bien cultivée, fertile et semée d'excellents pâturages.

Le gouvernement badois, à l'imitation de la Prusse, du Wurtemberg et de la Bavière, possède plusieurs grandes fermes, dans lesquelles sont placés des étalons, des poulinières, des poulains et les jeunes chevaux achetés annuellement pour remonter la cavalerie. Ces derniers ne sont envoyés dans les corps que lorsque leur force et leur éducation le permettent.

Les juments des corps de troupe les plus propres à la reproduction, sont détachées dans ces fermes une partie de l'année, renvoyées aux corps à l'époque du sevrage, d'où elles ne sont retirées pour rentrer dans ces fermes que quand l'état de gestation ne permet plus de s'en servir sans danger pour le produit qu'elles portent. On recherche avec soin les juments des propriétaires qui les mettent en vente pour cause d'accidents. L'Etat les achète lorsqu'elles peuvent faire de bonnes poulinières, et les place dans ses établissements.

On étudie avec le plus grand soin les progrès, en bien comme en mal, que font les poulains. Ces observations sont l'objet d'examens périodiques qui indiquent l'espèce de régime qui convient au tempérament et à l'état de chaque sujet. Ces poulains alors sont classés par catégories. D'après cet aperçu, il est aisé de voir que le caractère, le tempérament et les moyens de chaque cheval sont parfaitement connus quand vient l'époque d'en faire la répartition pour les corps de cavalerie.

On apporte la plus grande sévérité dans le choix des étalons et des poulinières, soit relativement aux poulinières appartenant à l'État, soit pour celles qui appartiennent aux éleveurs. On exclut rigoureusement toutes celles qui sont impropres à la reproduction.

Comme on est pénétré que la base de la prospérité chevaline réside essentiellement dans les accouplements, le gouvernement n'admet point des étalons particuliers sans un examen très-rigoureux. La saillie par les étalons de l'État est gratuite. Les poulinières des particuliers doivent être approuvées par une commission déléguée à ce sujet. A cet effet, les propriétaires adressent chaque année, avant l'époque de la monte, leur demande à l'autorité locale, qui tient un registre sur lequel sont inscrites les poulinières approuvées; une annotation indique le nom de l'étalon qui leur est destiné. La naissance des poulains est également inscrite sur ce registre, avec l'indication du signalement. Le choix à faire par les commissions de remonte devient alors facile, et ses opérations d'achats sont toujours assurées, puisque l'origine des produits est parfaitement connue.

Un tel système offre des avantages immenses à l'Etat et aux propriétaires, qui ont un débouché assuré pour des produits qu'ils entourent de soins, convaincus qu'ils sont d'avance que ces produits seront achetés si, du reste, ils ont bien tourné. L'espèce chevaline du grand-duché de Bade est dans un état de prospérité aussi favorable que possible.

Royaume de Wurtemberg. — Le Wurtemberg est compris entre les Alpes de Constance au sud-ouest et le Schwarzwald à l'ouest, les Alpes de Souabe et le Steigerwrld à l'est. Le gouvernement wurtembergeois, comme celui du grand-duché de Bade, a adopté le même système hippique pour l'élève et les remontes de sa cavalerie; comme chez lui, les ressources chevalines suffisent aux besoins du service. Les remontes de la cavalerie s'opèrent par sixième: 1° par les sujets indigènes élevés dans les fermes de l'Etat; 2° par l'achat des jeunes chevaux achetés aux éleveurs; 3° subsidiairement par des jeunes chevaux achetés en Mecklenbourg, en Pologne et en Hanovre, quand les ressources du pays sont insuffisantes.

La race chevaline du royaume est un mélange de normands, de hanovriens, de mecklenbourgeois, de persans et d'anglo-arabes, où le sang anglais prédomine.

Le Wurtemberg est un des premiers Etats de l'Allemagne qui aient songé à établir des haras provinciaux. Il fut dans la nécessité d'y renoncer vers 1688, à cause des guerres qu'il eut à soutenir contre la France; mais ces établissements reprirent un haut degré de prospérité sous le règne de Charles-Alexandre. Dès l'année 1745, on comptait dans le royaume de Wurtemberg près de 5000 poulinières saillies par les étalons royaux; en 1788, le chiffre de l'exportation des chevaux s'élevait à 20,000. La révolution française de 1793 porta un coup terrible à l'industrie chevaline du Wurtemberg; en 1812, les haras ne comptaient plus que 250 étalons; à l'avénement du roi actuel, on ne conserva plus que 100 étalons et 80 poulinières, partie de race carrossière et partie de taille moyenne pour la race de selle. Les dépôts de poulains de Offenhausen et de Saint-Jean furent supprimés. En 1819, on rétablit vingt-trois stations principales et quatorze stations secondaires, servies par 150 étalons de choix qui couvraient plus de 6000 juments poulinières.

En 1833, on établit le haras de Marbach, entre Stuttgard et Tubingen, où l'on plaça des types achetés en Angleterre, en Mecklenbourg et en Normandie. Le roi fit encore acheter en Orient plusieurs étalons de la plus noble race, qu'il fit placer dans ses écuries.

Aujourd'hui, l'époque de la monte commence le 1er mars et finit le 15 juin; les stations sont: une à Marbach, trois dans les domaines du roi, et quarante sur différents points du Wurtemberg. Dans les dépôts d'étalons, chaque palefrenier panse et soigne trois chevaux; il leur est défendu pendant la monte de recevoir des pour boires.

Le prix de la monte est de 1 florin (2 francs), payables d'avance.

Comme on l'a déjà dit pour le grand-duché de Bade, les poulinières à présenter aux étalons doivent être approuvées; à la mise-bas, l'autorité consigne sur un registre la naissance des poulains, leur origine et leur signalement.

La ration des étalons est de 4 kilogrammes 1/2 d'avoine, 5 kilogrammes de foin et 2 kilogrammes 1/2 de paille; selon le besoin, cette ration est augmentée. La commission des haras est difficile pour l'approbation des étalons particuliers. Les plus fortes primes accordées annuellement par l'État sont de 25 ducats en or.

La cavalerie et les officiers se remontent dans le pays depuis 1824; il n'y a pas de prix fixé pour la remonte; afin d'encourager les éleveurs et de contribuer à l'amélioration des races, les chevaux sont payés d'après leur valeur intrinsèque.

Le roi fait réserver chaque année, pour ses domaines, un certain nombre des plus beaux poulains de race d'attelage de deux ans et demi à trois ans; ils n'entrent dans ses écuries qu'après leur cinquième année.

Le Wurtemberg exporte aujourd'hui de 2000 à 2500 chevaux; il importe peu de sujets.

Il existe à Stuttgard un hippodrome.

Royaume de Bavière. — Ce royaume se borne au nord-ouest par les duchés de Hesse-Cassel, de Hesse-Darmstadt, à l'ouest par le royaume de Wurtemberg, au sud ouest par la Suisse, au sud par le Tyrol, à l'est par l'Autriche, au nord par la Saxe et les duchés saxons. Entouré d'une ceinture de montagnes qui sont une dépendance du système hercinéo-carpathien, au nord et Alpes au sud; uni au nord-ouest par la ligne de séparation des eaux du Rhin et de celles du Danube.

La partie de la Bavière située dans le bassin du Rhin est très-fertile, quoique accidentée, et riche en très-bons pâturages; la partie située dans le bassin du Danube est montueuse dans les contrées qui touchent à sa ceinture; mais le centre, sur une longueur de 60 lieues et sur une largeur de 50 lieues, présente d'immenses plaines affectant la forme d'un pentagone, tantôt boisées, tantôt parfaitement cultivées, riches en ressources de toute nature, traversées par des routes bien entretenues et par une foule d'affluents du Danube. Les parties accidentées sont, en général, couvertes de grandes forêts; quelques contrées méridionales sur la rive droite du Danube sont humides et marécageuses; le pays situé sur la rive gauche ne présente pas cet inconvénient. Les pâturages nombreux et vastes qu'on rencontre en Bavière sont généralement très-bons et situés sur les bords des fleuves.

Ces dispositions du sol et la nature de la culture permettent aux habitants de la Bavière de se livrer avec avantage à l'élève du cheval; aussi ce pays en produit-il un très-grand nombre; cependant, on doit faire observer que les productions sont insuffisantes pour ses besoins, et que la Bavière tire du Hanovre annuellement 400 à 500 chevaux de race pour remonter sa cavalerie légère.

La Bavière suit pour ses remontes et l'élève du cheval le même système que ceux du Wurtemberg et du grand-duché de Bade. Placé dans une position avantageuse à l'industrie chevaline, le gouvernement bavarois obtient des succès plus grands que ceux dont jouissent ses voisins. Ces trois États sont au nombre de ceux qui, dans les circonstances critiques où s'est trouvée la France sous le rapport des remontes, ont fourni un nombre très-considérable de chevaux de qualité très-médiocre.

Les races de chevaux de la Bavière les plus distinguées sont celles des anglo-arabes croisés avec celles de l'Autriche; leurs caractères physiques offrent cependant moins d'élégance et de noblesse que dans les races qui avoisinent la mer du Nord et la mer Baltique.

Résumé.

La population chevaline élevée dans le nord et l'ouest de l'Allemagne présente des caractères physiques moins uniformes qu'en Angleterre. On doit attribuer ce défaut d'homogénéité aux différents systèmes d'accouplement et d'élève adoptés et favorisés par les gouvernements ou par les grands propriétaires.

Dans quelques contrées de l'Allemagne, on n'admet exclusivement comme types de reproduction que le pur sang anglais et le demi-sang; dans d'autres, c'est le sang arabe qui est seul en faveur;

dans celles-là, c'est le sang anglo-arabe qu'on préfère; pendant que dans celles-ci, on croise ensemble les meilleurs éléments de sang arabe, persan, anglais, russe, polonais, mecklenbourgeois et normand. En Angleterre on n'admet qu'un seul type; le pur sang, le demi-sang, le quart de sang, etc., sont toujours retrempés par un sang plus pur encore, le sang arabe. Les alliances avec les autres races étrangères sont très-rares.

Les pays de l'Allemagne les plus avancés dans le progrès sont le Mecklenbourg, le Hanovre, le Danemark et la Prusse. La deuxième catégorie est formée par le Wurtemberg, la Bavière et le grand-duché de Bade; tandis que la Saxe, les provinces de la Confédération germanique, la Belgique et la Hollande sont encore peu avancées.

Comme conséquence du progrès, les Etats qui occupent le premier rang sont ceux qui produisent le plus; ils suffisent non-seulement à leurs besoins, mais font refluer vers le centre et le midi de l'Europe l'excédant de leurs produits; d'immenses capitaux arrivent dans ces pays et les enrichissent. Les Etats qui occupent le deuxième rang, produisant moins que les premiers, se suffisent pour leurs besoins dans certaines circonstances, et néanmoins sont dans l'obligation d'importer encore un assez grand nombre de chevaux; les capitaux passent donc à l'étranger toutes les fois qu'il y a pénurie. Quant à la troisième catégorie, les Etats s'appauvrissent d'autant plus, qu'ils sont plus fréquemment dans la nécessité de tirer leurs chevaux de l'étranger; la facilité et la sécurité qui leur est offerte leur fait négliger d'améliorer leurs races indigènes, d'en créer de nouvelles, de conserver même celles qu'ils possèdent. Par une fausse manière d'envisager l'industrie chevaline, ces Etats s'appauvrissent d'autant plus sensiblement, que la dégénération des races est rapide; leurs capitaux sortent du royaume pour n'y plus rentrer, et la consommation des chevaux ne leur laisse, après plusieurs années, pas même la consolation de posséder des éléments propres à se créer des ressources. La richesse nationale de ces derniers Etats est donc constamment en souffrance sous ce rapport.

Cette vérité est tellement démontrée par l'évidence chez les peuples de l'Allemagne, que la plupart d'entre eux rivalisent d'émulation pour conserver les avantages que de longs et heureux résultats leur ont acquis. Les gouvernements favorisent l'exportation, comme le moyen le plus efficace d'encouragement pour les classes des éleveurs les moins aisées. Or, ces gouvernements, par l'action de leurs commissions de remonte, par l'organisation de leurs administrations des haras, conservent le premier monopole. Viennent ensuite les gros marchands, qui épurent ce que ces premières administrations ont abandonné. Le commerce des étrangers n'obtient que le troisième et dernier choix. L'immense consommation qui a lieu hors de l'Allemagne assure donc aux éleveurs les moins heureux un débouché certain pour les produits qu'ils n'ont pas pu placer dans le pays.

Dans toute l'Allemagne les gouvernements, jaloux d'avoir leur cavalerie bien montée, recherchent les jeunes sujets qui donnent quelque espérance, les achètent entre deux et trois ans, et ne reculent pas devant les dépenses qu'exigent l'élève et l'éducation des poulains. Quand ceux-ci tournent mal, ils les revendent. Il n'est pas un seul paysan qui, pénétré de la vérité que l'exercice est nécessaire aux poulains, ne commence à les utiliser aux travaux agricoles dès l'âge de trois ans. Ces forces, ainsi utilisées, diminuent d'autant, par le service, le prix de revient des sujets, qu'ils peuvent livrer plus tard à des prix modérés.

Remontes.

Modes d'achat. — Dans le Hanovre, le Danemark et le Mecklenbourg, l'industrie chevaline a acquis une si grande extension, que les achats de chevaux sont plus faciles que dans le reste de l'Allemagne. L'expérience prouve chaque jour que les commissions de remonte étrangères ont avantage à traiter avec les marchands et les courtiers de chevaux. Vouloir opérer autrement serait s'exposer à lutter contre la mauvaise foi des éleveurs et contre la concurrence des autres commissions de remonte étrangères, par celles du pays et par celle des gros marchands, qui auront surtout intérêt à accaparer pour traiter à des taux très-élevés. Il y aurait dans ce cas inégalité de puissance dans une lutte qui deviendrait funeste à toutes les commissions qui n'opéreraient pas directement avec les marchands. Il s'agit donc de s'adresser aux grandes maisons, qui offrent des garanties infaillibles, et d'être sévère dans le choix des chevaux à admettre.

Cette loi, imposée par la nécessité, oblige les membres des commissions envoyées par la France à connaître l'idiome des contrées où elle doit opérer, à étudier les races, la topographie des localités et les ouvrages qui traitent des chevaux, qu'on publie dans le pays ; car les circonstances font maintes fois surgir des difficultés ou des facilités pour les achats, que l'on évite ou dont on profite quand les acheteurs possèdent la langue allemande et les autres connaissances dont on vient de parler. Il importe donc que la même commission, ou du moins le plus grand nombre des membres d'une commission déjà envoyée, opèrent plusieurs années de suite dans ces contrées du Nord ; la haute importance d'une mission de cette nature impose toutes ces conditions pour obtenir de bons résultats.

Etude et conservation des chevaux après les achats. — La nature, le tempérament, la manière d'être de chaque cheval acheté, les systèmes d'alimentation auxquels il a été soumis avant l'achat, les ruses employées par les vendeurs pour cacher ou pallier ses défauts ; l'action rédhibitoire exige pendant quelques jours des soins et une étude particulière de chacun des chevaux admis par la commission des remontes. Du reste, le classement des chevaux par arme et la formation des détachements exigent un laps de temps assez grand. Cette étude préalable permet donc de prescrire aux chevaux achetés le régime et les moyens de prévenir les réactions qui résultent toujours d'un changement brusque de régime et d'habitudes, par conséquent des maladies graves, et souvent la perte de quelques-uns de ces animaux.

On remarque, après les achats, que l'effet du séjour à l'écurie provoque la maigreur chez presque tous les chevaux ; peu de temps après ils reprennent leur santé et l'embonpoint primitif. Les membres s'engorgent par défaut d'exercice ; il convient donc de combattre cette modification de l'économie par des promenades journalières, faites au pas et au trot pendant deux heures au moins.

Il est de nécessité absolue d'avoir des seringues, et une pharmacie vétérinaire pour trouver toujours sous la main les médicaments nécessaires ; l'apporter de France est plus économique que de l'acheter à l'étranger. Il n'en est pas de même des couvertures, des bonnets en toile et autres objets indispensables pour le voyage; on les trouve à meilleur compte à l'étranger, dans les villes principales.

Préparatifs avant la mise en route. — Classés par catégorie, les chevaux sont numérotés, ainsi que leurs effets, qui portent en outre la lettre indiquant chacune des différentes armes pour lesquelles ils sont destinées. Une fois le caractère, le tempérament et les habitudes de chaque cheval bien étudiés, les détachements sont organisés et pourvus chacun de tous les objets nécessaires pour le voyage. Ces objets sont: une seringue dans un étui protégeant surtout la canule et fixé à un surfaix; des bonnets en toile, pour garantir la tête des mouches en été, et de l'humidité en hiver; des licols et longes de rechange; des couvertures en laine, d'une bonne épaisseur.

Formation des détachements. — L'aptitude de chaque cheval pour le service de l'arme à laquelle il est destiné, doit reposer surtout dans la nature, la taille, l'étoffe, la vigueur, les allures, la souplesse et la légèreté de l'animal, plutôt que spécialement dans la taille. Du reste, il arrive souvent que les jeunes chevaux prennent de la taille lorsqu'ils arrivent à l'âge de cinq ans; aussi ne doit-on pas être très-rigoureux sur ce point, surtout s'ils possèdent les autres conditions.

Choix des conducteurs. — Quand le nombre des hommes qui doivent conduire les détachements est insuffisant, on doit choisir des conducteurs dans le pays. On arrête avec eux les conditions avant le départ; on est dans l'habitude d'en agir ainsi, et de les avertir qu'en cas de renvoi non-seulement ils ne sont pas payés, mais encore qu'ils s'en retournent à leurs frais. Les aubergistes sur la route assurent toujours les moyens de les remplacer immédiatement; une fois la moralité de ces conducteurs bien connue, on doit apporter la plus grande attention à ne pas les inquiéter pour des futilités; s'ils manquent à leur service, on les avertit une première fois; à la récidive on les renvoie.

Conduite des détachements. — Les instructions nécessaires pour la conduite des détachements doivent toujours être données par écrit à chaque commandant de détachement, afin qu'il puisse les consulter dans toutes les circonstances, éviter ou prévenir des embarras pendant le voyage.

Il n'est pas sans intérêt de connaitre la manière de voyager des marchands qui exportent des convois de chevaux allemands.

Ces marchands sont dans l'habitude, en toutes saisons, de saigner leurs chevaux avant la mise en route. Le premier jour de marche, ils ne franchissent que 3 ou 4 lieues; selon que l'état de santé et les forces des chevaux le permettent; ils augmentent progressivement la longueur des étapes, mais ne dépassent jamais 5 à 6 lieues; l'allure est le pas, jamais une autre allure.

Les palefreniers ne conduisent que chacun 6 chevaux, afin d'éviter plus facilement les embarras qui, sur les routes, pourraient faire naître des accidents par le croisement des convois avec les voitures; il arrive quelquefois que les accouples se détachent ou cassent, les chevaux peuvent se jeter sur les jarrets, se frapper, se blesser, ou se précipiter sur les tas de pierres ou dans les fossés.

Les marchands ne font jamais de séjour pendant le voyage; ils prétendent que l'expérience leur a démontré que par ce moyen ils évitaient les maladies, en ce que leurs chevaux restent en haleine sans pour cela se fatiguer. Il importe cependant que des détachements de remonte fassent séjour après la cinquième étape; cette mesure permet aux sujets les plus faibles de se reposer un peu et de reprendre des forces.

On évite autant que possible la pluie au moment du départ, et lorsque les convois ont à l'essuyer pendant la route, ils les entourent de soins en arrivant au gîte. Ainsi, les couvertures sont fortement battues, et l'on place sur le dos du cheval et sur les côtes une couche de paille sèche. Sous la couverture on bouchonne vigoureusement toutes les parties du corps qui ont été mouillées, on fait une bonne litière et on ferme les portes et les fenêtres. Lorsqu'on néglige ces précautions et que le froid gagne les chevaux, ils ne se couchent pas, s'inquiètent, se mordent, se frappent, et ne reposent point.

On administre toujours à chaque cheval, en arrivant au gîte, une ration de pain noir et sec; lorsqu'il est frais, il empâte les dents et dégoûte les chevaux. Le foin est distribué à discrétion dans les auberges; on le jette par torche d'une demi-livre à chaque cheval, de demi-heure en demi-heure. Par ce moyen, les digestions deviennent faciles, et pas un ne peut se bourrer en nourriture. L'avoine est donnée après qu'ils ont bu.

Pendant les temps humides, en automne surtout, lorsque les chevaux sont mouillés et qu'il se présente une rivière à traverser en bateau ou au moyen d'un bac, au lieu d'arrêter après le passage pour attendre le reste du convoi, les chevaux sont remis en marche et parcourent encore 1 ou 2 lieues ; on évite par là les réactions causees par le froid et l'humidité.

Pendant l'été, les marchands font voyager leurs chevaux par la fraicheur et pendant une partie de la nuit, afin d'éviter les mouches.

Les chevaux achetés pendant l'hiver sont en meilleure condition que ceux achetés en été ; ils coûtent moins cher, supportent mieux les fatigues du voyage, et sont en outre moins exposés aux maladies aiguës.

La précaution recommandée de pourvoir chaque détachement d'une seringue, est indiquée par des coliques que, assez fréquemment, les chevaux éprouvent pendant la route, mais encore parce qu'en Allemagne il est impossible de s'en procurer dans les gites d'étape.

On a souvent lieu de remarquer que les cantonniers, nombreux sur les routes de l'Allemagne, ne tiennent compte de rien, et abusent souvent de la latitude qui leur est donnée par les règlements sur la grande voirie. Ils s'arrogent la prérogative d'infliger des amendes à quiconque commet la moindre infraction ; il est donc prudent de marcher en ordre et d'eviter avec le plus grand soin ces usages arbitraires. Sans ces précautions, on s'expose à payer en amendes des sommes parfois considérables. Dans le voisinage de Langenstruck (Hanovre), un de ces cantonniers ayant injustement infligé une amende à un chef de détachement, réclamation fut portée au gouvernement hanovrien, qui fit remettre immédiatement la somme déposée (200 fr.). Les préposés aux nombreuses barrières, qui sont placées à de tres-courtes distances sur les routes d'Allemagne, exigent souvent que chaque palefrenier ou conducteur de convoi porte sur lui le billet indiquant le nombre et le détail des chevaux qu'il conduit.

Itinéraire. — L'itinéraire de chaque détachement doit être tracé de préférence par la ligne la plus riche en ressources et où les gîtes sont les meilleurs ; car souvent la ligne la plus courte n'est pas la plus avantageuse à suivre.

Sur toutes les routes de l'Allemagne, principalement dans le Hanovre et les duchés de Hesse, sont établies des barrières nombreuses où l'on prélève des droits de passage. De Haarbourg à Darmstadt, les barrières sont distancées à une lieue environ les unes des autres. Ces routes sont bordées de trottoirs ou chaussées pour les piétons ; une amende d'un demi-thaler est infligée à quiconque y passe à cheval. Le prix à payer d'une barrière à l'autre varie d'après le classement de la route et d'après la route traversé par elle.

En partant de Haarbourg, et supposant que des détachement venant du Danemark aient traversé l'Elbe, on peut payer ce droit pour tout le Hanovre ; à Cassel, pour la Prusse et les duchés de Hesse.

Les convois sont, en outre, soumis aux droits de douane jusqu'en France.

Le conducteur ou le commandant d'un détachement doit s'informer, en arrivant à une barrière, du nombre des barrières auxquelles il a à payer, et il peut, en acquittant le droit pour plusieurs, obtenir une remise qui varie de 1 fr. à 2 fr., d'après le nombre de chevaux qui composent le détachement.

Les mesures de capacité sont très-variables en Allemagne ; chaque aubergiste, pour ainsi dire, a la sienne.

Le passage de certaines rivières où il n'y a pas de pont, devient difficile en hiver. Celui du Rhin, par exemple, quand on se dirige sur Strasbourg, exige des précautions ; aussi, en arrivant à Hattersen, il est nécessaire de prendre des renseignements auprès du maître de poste, qui s'empresse, lorsque le pont de bateaux est retiré, de trouver des bacs et des bateliers avec lesquels on peut traiter pour le passage du convoi. Le prix ordinaire est de 18 kreutzer par cheval et 8 pour le retour des hommes, qui doivent revenir sur la rive droite ; il en coûte environ 30 et quelques francs pour le passage d'un convoi de 50 chevaux. Lorsque le Rhin est gelé, quelques hommes cassent la glace à mesure que d'autres halent le bateau en marchant sur la glace, pour le faire avancer. Il importe, pour ce passage, d'abriter les chevaux avant de les embarquer; car ils ne peuvent l'être que par fractions de 10 à 12 chevaux. Ainsi, il faut louer des écuries sur les deux rives, pour les recevoir. Suivant les circonstances, le passage nécessite plus ou moins de temps; en hiver et par la glace, si l'on commence à huit heures du matin, il durera jusqu'à deux heures de l'après midi.

En arrivant à la douane de France, les chevaux payent chacun 27 fr. 50 c. de droit d'importation; les couvertures, estimées chacune à la valeur de 15 fr., payent 30 pour 100 de droit d'entrée.

Une commission de remonte, ou tout autre négociant qui opère en Danemark, peut embarquer ses chevaux dans un des ports danois situés sur les bords de la mer du Nord, pour les diriger sur un des ports de France. S'ils doivent voyager par terre, ils sont dans l'obligation de passer à Hambourg.

De Hambourg, les détachements peuvent se diriger par terre: 1° sur Valenciennes; 2° sur Thionville; 3° sur Strasbourg.

Dans le premier cas, l'itinéraire est tracé par:

Haarbourg (Hanovre),
Tostedt,
Rottembourg,
Bosten,
Brêmen,
Kokerow,
Twistrengen,
Wechte,
Badbagen,
Aucum,
Hopsten (Prusse),
Rheine,
Ochtrop,
Stadholn,
Welen,
Kummermann,
Skaminsand,
Wesel,
Heyhasen,
Straal,
Grossenbrugen,
Kursel (Hollande),
Diest,
Huy (Belgique),
Tabise,
Saigniers,
Quiévrain,
Valenciennes (France).

Deuxième itinéraire de Hambourg à Valenciennes par:

Haarbourg (Hanovre),
Asendorf,
Soltau,
Desborn,
Bergoff,
Hanovre,
Bandorf,
Farenhagen,
Buckebourg,
Thiermayer,

Nebemger,
Brockagen,
Mitte,
Munster,
Lippersandorff,
Rechlings,
Oberhausen,
Kaiserswerth,
Droger Pieth,
Jackeroth,
Aldenhoffen,
Aix-la-Chapelle,
Battice (Belgique),
Liége,
Huy,
Namur,
Charleroy,
Mons,
Quiévrain,
Valenciennes.

Dans le cas où les détachements sont dirigés de Hambourg sur Thionville, ils passent par :

Haarbourg (Hanovre),
Hockeln,
Soltau,
Dushorn,
Echeloh,
Bergoff,
Varenwaldhausen,
Pattensen,
Bandeln,
Struck,
Edesheim,
Angelstein,
Dransfeld,
Knallhutte (Hesse-Electorale).

Lorsque les détachements doivent se rendre de Hambourg à Strasbourg, l'itinéraire est tracé par la même ligne que par Thionville jusqu'à Wilbel, et de là ils suivent la ligne jusqu'à Strasbourg. Ainsi, ils passent par :

Haarbourg (Hanovre),
Hockeln,
Soltau,
Dushorn,
Echeloh,
Bergoff,
Varenwaldhausen,
Pattensen,
Struck,
Edesheim,
Angelstein,
Dransfeld,
Lauterbourg,
Knallhutte,
Vabern,
Jesberg,
Schonstadt,
Sichenhussen,
Langengentz,
Medermerlée,
Wilbel,
Harhieliger,
Erbach,
Grozsacksen,
Groben,
Muhlbourg,
Hagilheim,
Bischofsheim,
Kehl,
Strasbourg.

Les détachements venant du Danemark sont réunis à Hambourg,

et de ce point dirigés sur une des villes frontières que nous avons indiquées.

Les détachements venant du Mecklenbourg, réunis à Parchim, sont dirigés par Hanovre. Ainsi, partant de Parchim, ils passent par : Neustadt, Ludwigstadt, Dolmitz, Dannebcrg, Uelzen, Veyhaussen, et de là à Hanovre.

TABLEAU COMPARATIF

DES MONNAIES DES ROYAUMES ET DUCHÉS CI-DESSOUS, AVEC INDICATION DE LEUR VALEUR EN FRANCS.

DÉSIGNATION DES PIÈCES.	HAMBOURG ET DANEMARK.				PRUSSE, HANOVRE ET BRUNSWICK.				HESSE ET BADE.			
	Marcs.	Schillings.	TOTAL. Schillings.	Valeur en francs.	Thalers.	Bongros.	TOTAL. Bongros.	Valeur en francs.	Gouldes ou florins.	Kreutzers.	TOTAL. Kreutzers.	Valeur en francs.
VALEUR en francs, centimes et millièmes	1,55.2	0,09.7	0,09 7		»	16	16		2,19	0,03.6½	0,03.6½	
Un thaler de Prusse	2	8	40	3,88	1	»	24	3,84	1	45	105	3,833
Un frédéric	13	»	216	20,952	5	10	130	20,80	9	28 ½	568	20,75
Un ducat	7	14	126	12,222	3	4	76	12,16	5	33	338	12,118
Un drittels (Danemark)	1	15	31	3,007	»	»	18 ½	2,96	1	14	74	2,993
Un speciès (Hambourg)	3	12	60	5,82	1	12	36	5,76	2	37 ½	157	5,748
Une livre sterling	16	»	268	25,996	6	19	163	26,28	11	53	713	26,24
Une pièce de 5 francs	3	4	52	5,004	1	8	32	5,12	2	20	140	5,11
Une pièce de 20 francs	13	»	208	20,17	5	8	128	20,48	9	20	560	20,44

1 marc vaut 16 schillings. — 1 thaler vaut 24 bongros. — 1 florin (ou goulde) vaut 60 kreutzers.

TABLE DES MATIÈRES.

www.ingramcontent.com/pod-product-compliance
Ingram Content Group UK Ltd.
Pitfield, Milton Keynes, MK11 3LW, UK
UKHW031928260826
14628UKWH00003B/1484

9 782011 911513